l'ontologie politique
de martin heidegger

ouvrages de Pierre Bourdieu

Sociologie de l'Algérie, Paris, P.U.F., 2ᵉ édit., 1961.
The Algerians, Boston, Beacon Press, 1962.
Travail et travailleurs en Algérie, Paris, Mouton, 1964 (avec A. Darbel, J.P. Rivet et C. Seibel).
Le déracinement, Paris, Ed. de Minuit, 1964 (avec A. Sayad).
Les étudiants et leurs études, Paris, Mouton, 1964 (avec J.C. Passeron).
Les héritiers, Paris, Ed. de Minuit, 1964 (avec J.C. Passeron).
Un art moyen, Paris, Ed. de Minuit, 1965 (avec L. Boltanski, R. Castel et J.C. Chamboredon).
Rapport pédagogique et communication, Paris, Mouton, 1965 (avec J.C. Passeron et M. de Saint-Martin).
L'amour de l'art, Paris, Ed. de Minuit, 1966 (avec A. Darbel).
Le métier de sociologue, Paris, Mouton/Bordas, 1968 (avec J.C. Passeron et J.C. Chamboredon).
Zur Soziologie der Symbolischen Formen, Francfort, Suhrkamp, 1970.
La reproduction, Paris, Ed. de Minuit, 1970 (avec J.C. Passeron).
Esquisse d'une théorie de la pratique, précédée de trois études d'ethnologie kabyle, Genève, Ed. Droz, 1972.
Die politische Ontologie Martin Heideggers, Francfort, Syndicat, 1976.
Algérie 60, Paris, Ed. de Minuit, 1977.
La distinction, Paris, Ed. de Minuit, 1979.
Le sens pratique, Paris, Ed. de Minuit, 1980.
Questions de sociologie, Paris, Ed. de Minuit, 1980.
Leçon sur la leçon, Paris, Ed. de Minuit, 1982.
Ce que parler veut dire, Paris, Fayard, 1982.
Homo academicus, Paris, Ed. de Minuit, 1984.
Choses dites, Paris, Ed. de Minuit, 1987.

pierre bourdieu

l'ontologie politique
de martin heidegger

LES ÉDITIONS DE MINUIT

Pour Marie-Claire

© 1988 by LES ÉDITIONS DE MINUIT
7, rue Bernard-Palissy, 75006 Paris

La loi du 11 mars 1957 interdit les copies ou reproductions destinées à une utilisation collective. Toute représentation ou reproduction intégrale ou partielle faite par quelque procédé que ce soit, sans le consentement de l'auteur ou de ses ayants cause, est illicite et constitue une contrefaçon sanctionnée par les articles 425 et suivants du Code pénal.

ISBN 2-7073-1166-9

avertissement au lecteur

Ce texte a été publié pour la première fois en 1975, sous une forme légèrement différente, dans Actes de la recherche en sciences sociales. Conçu avant tout comme un exercice de méthode, il se situe dans une perspective qui n'est pas celle de la dénonciation. Du fait que l'analyse scientifique n'a rien à voir avec la logique du procès et avec les interrogations qu'elle suscite (Heidegger a-t-il été nazi ? Sa philosophie est-elle nazie ? Faut-il enseigner Heidegger ? etc.), il n'est pas sûr que l'effervescence malsaine qui entoure aujourd'hui le philosophe soit réellement favorable à la bonne réception de ce travail, sans doute toujours aussi intempestif.

La principale modification que je lui ai apportée, en dehors de quelques notes destinées à actualiser l'information historique, a consisté à renvoyer à la fin, pour faciliter la compréhension, les trois chapitres consacrés à l'analyse du langage heideggérien et de la lecture qu'il appelle. Ce qui risque de masquer que, contrairement à l'idée que l'on se fait souvent de la sociologie, c'est la lecture de l'œuvre elle-même, de ses doubles sens et de ses sous-entendus, qui a révélé, à une époque où tout cela n'était pas connu des historiens, certaines des implications politiques les plus inattendues de la philosophie heideggérienne : la condamnation de l'Etat providence, enfouie au cœur de la théorie de la temporalité ; l'antisémitisme, sublimé en condamnation de l'errance ; le refus de renier l'engagement nazi, inscrit dans les allusions tortueuses du dialogue avec Jünger ; l'ultra-révolutionnarisme conservateur, qui inspire tant les stratégies philosophiques de dépassement radical que la rupture avec le régime hitlérien, directement suscitée, comme l'a montré Hugo Ott, par la déception de ne pas voir reconnue l'aspiration révolutionnaire du philosophe à la mission de Führer philosophique.

Tout cela, qui pouvait se lire dans les textes, a été refusé par *les gardiens de l'orthodoxie de la lecture qui, menacés dans leur différence par le progrès de sciences qui leur échappent, s'accrochent, tels des aristocrates déchus, à une philosophie de la philosophie dont Heidegger leur a fourni une expression exemplaire en instaurant une frontière sacrée entre l'ontologie et l'anthropologie. Mais ils ne font ainsi que différer le moment où ils devront finir par s'interroger sur l'aveuglement spécifique des professionnels de la lucidité, dont Heidegger, une fois encore, a livré la manifestation la plus achevée et que leur refus de savoir et leurs silences hautains répètent et ratifient.*

introduction
une pensée louche

> « LOUCHE. Ce mot signifie, en grammaire, qui paraît d'abord annoncer un sens et qui finit par en déterminer un autre tout différent. Il se dit particulièrement des phrases, dont la construction a un certain tour amphibologique, très nuisible à la perspicuité de l'élocution. Ce qui rend une phrase *louche* vient donc de la disposition particulière des mots qui la composent, lorsqu'ils semblent au premier aspect avoir un certain rapport, quoique véritablement ils en aient un autre : c'est ainsi que les personnes *louches* paraissent regarder d'un côté, pendant qu'en effet elles regardent d'un autre. »
>
> M. Beauzée, *Encyclopédie méthodique, grammaire et littérature*, tome II.

Il est sans doute peu de pensées aussi profondément situées et datées que la « philosophie pure » (comme disait Croce) de Heidegger[1]. Il n'est pas un problème d'époque, pas une réponse idéologique des « révolutionnaires conservateurs » à ces problèmes, qui ne soient présents dans cette œuvre absolue, mais sous une forme sublimée et méconnaissable. Pourtant, il est peu d'œuvres qui aient été lues de manière aussi profondément anhistorique. Les dénonciateurs les plus déterminés des compromissions de l'auteur de *Sein und Zeit* avec le nazisme eux-mêmes ont toujours omis de chercher dans les textes mêmes les indices, les aveux ou les traces propres à annoncer ou à éclairer les engagements politiques de son auteur.

Il serait vain pourtant d'essayer de convaincre de cette référence constante et omniprésente à la situation historique et au contexte culturel en rapprochant par exemple la pensée de Heidegger de discours moins savamment euphémisés qui en sont l'équivalent, *au système près*. L'autonomie relative du champ de production philosophique fait que pareille comparai-

---

1. Cité par A. Hamilton, *L'illusion fasciste, Les intellectuels et le fascisme, 1919-1945*, Paris, Gallimard, 1973, p. 166.

son peut servir à prouver *aussi bien* la dépendance que l'indépendance. Paradoxalement, l'effet de champ, c'est-à-dire l'effet exercé par les contraintes spécifiques du microcosme philosophique sur la production de discours philosophiques, est ce qui donne un fondement objectif à l'illusion de l'autonomie absolue, ce qui peut être invoqué pour interdire ou récuser *a priori* tout rapprochement entre l'œuvre de Heidegger, révolutionnaire conservateur *en philosophie*, c'est-à-dire dans le champ relativement autonome de la philosophie, et les œuvres d'économistes comme Sombart et Spann ou d'essayistes politiques comme Spengler et Jünger, que l'on serait tenté de dire très proches de Heidegger, s'il n'était précisément impossible en ces matières de raisonner « toutes choses étant égales d'ailleurs ». L'analyse adéquate se construit sur un double refus : elle récuse aussi bien la prétention du texte philosophique à l'autonomie absolue, et le refus corrélatif de toute référence externe, que la réduction directe du texte aux conditions les plus générales de sa production. On peut reconnaître l'indépendance, mais à condition de voir clairement qu'elle n'est qu'un autre nom de la dépendance à l'égard des lois spécifiques du fonctionnement interne du champ philosophique ; on peut reconnaître la dépendance, mais à condition de prendre en compte les transformations systématiques que font subir à ses effets le fait qu'elle ne s'exerce que par l'intermédiaire des mécanismes spécifiques du champ philosophique.

Il faut donc abandonner l'opposition entre la lecture politique et la lecture philosophique, et soumettre à une *lecture double*, inséparablement politique et philosophique, des écrits définis fondamentalement par leur *ambiguïté*, c'est-à-dire par la référence à deux espaces sociaux auxquels correspondent deux espaces mentaux. Parce qu'il ignore l'autonomie relative du champ philosophique, Adorno rapporte directement les traits pertinents de la philosophie de Heidegger à des caractéristiques de la fraction de classe à laquelle il appartient : ce « court-circuit » le condamne à faire de cette idéologie archaïsante l'expression d'un groupe d'intellectuels dépassés par la société industrielle et dépourvus d'indépendance et de pouvoir économique. Il n'est pas question de contester cette relation, ni davantage celle que le même Adorno établit entre les thèmes de l'angoisse ou de l'absurdité et l'impuissance réelle des producteurs de ces thèmes — cela surtout après le livre de Ringer qui rapporte l'évolution vers le conservatisme réactionnaire de ceux qu'il appelle les « mandarins allemands » au déclin de leur position dans la structure de la classe dominante. Toutefois, faute de ressaisir la médiation déterminante que représentent les positions constitutives du champ philosophique et la relation qu'elles entretiennent avec les oppositions fondatrices du système philosophique, il laisse inévitablement échapper le principe de l'alchimie qui met le discours philosophique à l'abri de la réduction directe à la position de classe de son producteur, et il s'interdit du même coup de rendre raison de ce qui peut paraître l'essentiel, c'est-à-dire l'effet de la mise en forme philosophique.

Détracteurs qui récusent la philosophie au nom de l'affiliation au nazisme ou laudateurs qui séparent la philosophie de l'appartenance au nazisme, tous s'accordent pour ignorer que la philosophie de Heidegger pourrait n'être que la *sublimation philosophique* imposée par la censure spécifique du champ de production philosophique, des principes politiques ou éthiques qui ont déterminé l'adhésion du philosophe au nazisme. Par leur obstination à s'interroger sur des faits biographiques sans les mettre en relation avec la logique interne de l'œuvre, les adversaires de Heidegger accordent à ses défenseurs la distinction que ceux-ci revendiquent explicitement entre « l'établissement critique des faits » et « l'herméneutique des textes »[2]. D'un côté la biographie, avec ses événements publics et privés, la naissance dans une famille de petits artisans d'un petit village de la Forêt-Noire, le 26 septembre 1889, l'école primaire de Messkirch, les études secondaires à Constance et Fribourg-en-Brisgau, en 1909 l'université de Fribourg et ses cours de philosophie et de théologie, le doctorat de philosophie en 1913, et ainsi de suite, avec, en passant, l'adhésion au parti nazi, un

---

2. F. Fédier, « Trois attaques contre Heidegger », *Critique*, 1966, n° 234, pp. 883-904; « A propos de Heidegger » (R. Minder, J.-P. Faye, A. Patri), *Critique*, 1967, n° 237, pp. 289-297; F. Fédier, « A propos de Heidegger », *Critique*, 1967, n° 242, pp. 672-686; « A propos de Heidegger » (F. Bondy, F. Fédier), *Critique*, 1968, n° 251, pp. 433-437. (1987 : ceci reste vrai du livre de Victor Farias, *Heidegger et le nazisme*, Lagrasse, Verdier, 1987, qui, s'il apporte quelques faits nouveaux, reste à la porte de l'œuvre, ou n'y entre que par effraction, faisant une fois de plus la part belle aux défenseurs de la lecture interne : rien d'étonnant si le débat qu'il a déclenché répète celui qui s'était déroulé vingt ans plus tôt.)

discours de rectorat et quelques silences. De l'autre, la biographie intellectuelle, « blanchie » de toute référence aux événements de l'existence ordinaire du philosophe. A ce titre, la « Verzeichnis der Vorlesungen und Uebungen von Martin Heidegger », liste des enseignements donnés par Heidegger entre 1915 et 1958, constitue un document exemplaire : réduit à la seule pratique temporelle tenue pour légitime, l'enseignement philosophique, et même à l'aspect officiel de cet enseignement [3], le penseur s'identifie complètement à la pensée, et la vie à l'œuvre dès lors constituée en être auto-suffisant et auto-engendré.

Et pourtant les plus réducteurs des critiques ne peuvent manquer d'être frappés par la présence, dans les écrits les plus directement politiques [4], de certains des mots typiques de l'idiolecte philosophique de Heidegger (*Wesen des Seins, menschliches Dasein, Wesenswille, Geschick, Verlassenheit*, etc.) aux côtés du vocabulaire typiquement nazi et des « réminiscences des éditoriaux du *Völkische Beobachter* et des discours de Goebbels » [5]. Il est significatif que le discours de rectorat du 27 mai 1933, intitulé « La défense (*Selbstbehauptung*, pompeusement surtraduit par l'auto-affirmation) de l'Université », qui a été si souvent invoqué pour démontrer l'appartenance de Heidegger au nazisme, puisse trouver place dans une histoire de la pensée heideggérienne aussi pure et purement interne que celle de Richardson [6]. Sans doute l'auteur de cette histoire expurgée s'est-il donné beaucoup de mal pour faire apparaître une prise de position conjoncturelle comme une application (au

---

3. Le séminaire que Heidegger consacre, au cours de l'hiver 1939-1940, à *Der Arbeiter* de Jünger n'est même pas mentionné ; cela bien que la bibliographie de Richardson (W.J. Richardson, *Heidegger, Through Phenomelogy to Thought*, La Haye, Martinus Nijhoff, 1963, pp. 663-671) ait été revue et annotée par Heidegger lui-même (qui semble avoir toujours systématiquement refusé les informations biographiques, par une forme de la stratégie de la *Wesentlichkeit* qui consiste à faire de la pensée la vérité et le fondement de la vie).

4. Il s'agit principalement de « l'appel aux étudiants » du 3 novembre 1933, de « l'appel aux Allemands » du 10 novembre 1933, de « l'appel au Service du travail » du 23 janvier 1934, et surtout de « l'auto-affirmation de l'Université allemande », du 27 mai 1933 (cf. Martin Heidegger, « Discours et proclamations », traduits de l'allemand par J.-P. Faye, *Médiations*, 1961, n° 3, pp. 139-159, et, pour les originaux, G. Schneeberger, *Nachlese zu Heidegger*, Berne, 1962).

5. P. Gay, *Weimar Culture, The Outsider as Insider*, Londres, Secker and Warburg, 1968, p. 84.

6. W.J. Richardson, *op. cit.*, pp. 255-258.

sens de Gadamer) tout à fait conséquente de la théorie philosophique (avec par exemple l'attaque contre la science objective). Mais Karl Löwith lui-même dit bien l'ambiguïté de ce texte : « Comparé avec les innombrables brochures et discours que publièrent, après la chute du régime weimarien, des professeurs "mis au pas", le discours de Heidegger est d'une tenue fort philosophique et exigeante, un petit chef-d'œuvre d'expression et de composition. Mesuré à l'étalon de la philosophie, ce discours est d'un bout à l'autre d'une rare ambiguïté, car il réussit à asservir les catégories existentiales et ontologiques à "l'instant" historique de sorte qu'elles font naître l'illusion que leurs intentions philosophiques vont *a priori* de pair avec la situation politique, et la liberté de la recherche avec la coercition étatique. Le "service de travail" et le "service d'armes" coïncident avec le "service de savoir" de sorte qu'à la fin de la conférence l'auditeur ne sait s'il doit ouvrir les "Présocratiques" de Diels ou s'engager dans les rangs des S.A. C'est pourquoi l'on ne peut se borner à juger ce discours selon un point de vue, ou purement politique, ou purement philosophique [7]. »

Il est tout aussi faux de situer Heidegger dans le seul espace politique, en s'appuyant sur l'affinité de sa pensée avec celle d'essayistes comme Spengler ou Jünger, que de le localiser dans l'espace « proprement » philosophique, c'est-à-dire dans l'histoire relativement autonome de la philosophie, au nom par exemple de son opposition aux néo-kantiens. Les caractéristiques et les effets les plus spécifiques de sa pensée trouvent leur principe dans cette dualité de référence, et la compréhension adéquate suppose que l'on opère de manière consciente et méthodique la double mise en relation qu'opère pratiquement l'ontologie politique de Heidegger, prise de position politique qui ne s'énonce que philosophiquement.

La meilleure protection des discours savants contre l'objectivation réside, on le voit, dans l'immensité de la tâche que suppose la mise au jour du système complet des relations dont ils tiennent leur raison d'être. C'est ainsi que, dans le cas présent, il s'agirait ni plus ni moins que de reconstruire la structure du champ de production philosophique — et toute

---

7. K. Löwith, « Les implications politiques de la philosophie de l'existence chez Heidegger », *Les Temps modernes*, 2e année, 1946, pp. 343-360.

l'histoire dont elle est l'aboutissement —, la structure du champ universitaire, qui assigne au corps des philosophes son « site », comme aime à dire Heidegger, et aussi sa fonction, la structure du champ du pouvoir, où se définit la place des professeurs et son devenir, et ainsi, de proche en proche, toute la structure sociale de l'Allemagne de Weimar [8]. Il suffit de mesurer l'ampleur de l'entreprise pour voir que l'analyse scientifique est condamnée à s'attirer les critiques cumulées des gardiens des formes qui tiennent pour sacrilège ou vulgaire toute autre approche que la méditation interne de l'œuvre et de ceux qui, sachant ce qu'il faut penser « en dernière analyse », n'auront aucune peine à se situer *en pensée* au terme de l'analyse pour dénoncer les limitations inévitables de toute analyse *en acte* [9].

---

8. L'œuvre de Heidegger pose à l'histoire sociale un problème tout à fait analogue *dans son ordre* à celui du nazisme : en tant qu'elle représente l'aboutissement et l'accomplissement de toute l'histoire relativement autonome de la philosophie allemande, elle pose la question des particularités du développement de l'Université et de l'intelligentsia allemandes, comme le nazisme soulève la question des « *particularités* du développement historique de l'Allemagne », deux questions qui ne sont évidemment pas indépendantes (cf. G. Luckács, « Über einige Eigentümlichkeiten der geschichtlichen Entwicklung Deutschlands », in *Die Zerstörung der Vernunft*, Berlin, 1955, pp. 31-74).

9. À ces matérialistes sans matériel ni matériaux, on voudrait seulement rappeler des vérités qu'ils auraient pu découvrir eux-mêmes s'ils avaient, au moins une fois, conduit une analyse scientifique au lieu d'énoncer des préceptes et des verdicts magistraux (cf. N. Poulantzas, *Pouvoir politique et classes sociales*, Paris, Maspero, 1971), mais qu'ils entendront mieux *sous cette forme*, en les renvoyant à l'introduction à *La lutte des classes en France*, où Engels évoque les obstacles pratiques que rencontre « la méthode matérialiste » dans l'effort pour remonter aux « dernières causes économiques » (F. Engels, *Introduction* à K. Marx, *La lutte des classes en France*, Paris, Editions sociales, 1948, pp. 21-22).

chapitre 1
la philosophie pure et le zeitgeist

« A notre époque qui donne elle-même à réfléchir » (*in unserer bedenklichen Zeit*) : ainsi parle Heidegger. Il faut le prendre à la lettre. Et aussi quand il parle du « point critique » (*das Bedenkliche*) ou du « point le plus critique » (*das Bedenklichste*)[1]. Bien qu'il en tire des effets prophétiques (« nous ne pensons pas encore », etc.), Heidegger dit vrai quand il affirme penser le Point Critique, ou ce qu'il appelle encore une *Umsturzsituation,* une « situation révolutionnaire ». Il n'a pas cessé de penser à sa manière la crise profonde dont l'Allemagne a été le lieu ; ou, plus exactement, la crise de l'Allemagne et de l'Université allemande n'a cessé de se penser et de s'exprimer à travers lui. La Première Guerre mondiale, la révolution (partielle) de novembre 1918, qui, en concrétisant la possibilité d'une révolution bolchevique, effraie durablement les conservateurs, en même temps qu'elle déçoit profondément les écrivains et les artistes (Rilke et Brecht, par exemple) un moment enthousiastes[2], les assassinats politiques (dont les auteurs restent souvent impunis), le putsch de Kapp et autres tentatives de subversion, la défaite, le traité de Versailles, l'occupation de la Ruhr par les Français et les amputations territoriales qui exaspèrent la conscience du *Deutschtum* comme communauté de langue et de sang, l'énorme inflation (1919-1924) qui frappe surtout le *Mittelstand*, la brève période de prospérité (dite *Prosperität*) qui introduit brutalement l'obsession de la technique et de la rationalisation du travail, et enfin la grande dépression de 1929, autant d'événements qui apportent leur lot d'expériences traumatisantes, propres à

---
1. M. Heidegger, *Essais et conférences*, Paris, Gallimard, 1973 (12ᵉ éd. fr., 1958), p. 153.
2. Sur la déception suscitée chez les intellectuels par la révolution, voir P. Gay, *op. cit.*, pp. 9-10.

marquer durablement, à des degrés différents, avec des effets différents, la vision du monde social de toute une génération d'intellectuels. Ces expériences trouvent une expression plus ou moins euphémisée aussi bien dans les innombrables discours sur l'« ère des masses » et de « la technique » que dans la peinture, la poésie et le cinéma expressionnistes, et dans cette sorte d'aboutissement paroxystique et pathétique d'un mouvement commencé dans la Vienne fin de siècle qu'est la « culture de Weimar », hantée par le « malaise de la civilisation », la fascination de la guerre et de la mort, la révolte contre la civilisation technicienne et contre les pouvoirs.

C'est dans ce contexte que se développe, d'abord aux marges de l'Université, une *humeur idéologique* tout à fait originale, qui imprègne peu à peu toute la bourgeoisie cultivée : de cette vulgate métaphysico-politique, il est difficile de dire si elle est la vulgarisation de théories économiques ou philosophiques savantes ou si elle est le produit d'une perpétuelle réinvention autonome. Ce qui fait croire à un processus de « vulgarisation », c'est le fait qu'on trouve tout un dégradé d'expressions qui remplissent des fonctions équivalentes, mais à des niveaux d'exigence de plus en plus faibles sous le rapport de *la forme*, c'est-à-dire de l'euphémisation et de la rationalisation : Spengler, qui apparaît comme un « vulgarisateur » de Sombart et de Spann, paraît être à son tour « vulgarisé » par les étudiants et les jeunes enseignants des « Mouvements de jeunes » qui appellent la fin de l'« aliénation » — un des mots clés du temps, mais employé comme synonyme de « déracinement » — par l'« enracinement » dans le sol natal, le peuple et la nature (avec promenades en forêt et courses en montagne), qui dénoncent la tyrannie de l'intellect et du rationalisme, sourd aux voix amicales de la nature, et qui prêchent le retour à la culture et à *l'intériorité*, c'est-à-dire la rupture avec la poursuite bourgeoise, matérialiste et vulgaire, du confort et du profit. Mais la circulation s'opère aussi dans l'autre sens.

Ce discours confus, syncrétique, n'est que l'objectivation floue et molle d'une *Stimmung* collective dont les porte-parole ne sont eux-mêmes que des échos. L'humeur *völkisch* est fondamentalement une disposition à l'égard du monde qui reste irréductible à toutes les objectivations dans le discours ou toute autre forme d'expression, qui se reconnaît à une *hexis* corporelle, à un rapport au langage et aussi, mais ce n'est pas l'essentiel, à un ensemble de parrains littéraires et philosophiques, Kierkegaard, Dostoïevski, Tolstoï, Nietzsche, et de thèses éthico-politico-métaphysiques. Mais il ne faut pas se laisser prendre à la recherche des sources : évidemment, dès le XIXe siècle, il y a Paul de Lagarde (né en 1827), Julius Langbehn (né en 1851) et, plus près, Othmar Spann (né en 1878), qui prolonge Adam Müller, ou Diederichs, éditeur de *Die Tat*, dont le « nouveau romantisme » exerce une énorme influence jusqu'à sa mort en 1927 ; il y a tous les historiens qui donnent des anciens Germains une vision dominée par la théorie raciste que Houston Steward Chamberlain tirait de la lecture de la *Germanie* de Tacite ; il y a les romanciers *völkisch* et la *Blubo-Literatur* (de *Blut und Boden*, le sang et la terre) qui glorifie la vie provinciale, la nature et le retour à la nature ; il y a les cercles ésotériques tels les « cosmiques » de Klages et Schuler et toutes les formes imaginables de la recherche d'expériences spirituelles ; il y a les *Bayreuther Blätter,* journal antisémite de l'Allemagne wagnérienne purifiée et héroïque, et les grandes représentations de théâtre national ; il y a la biologie et la philologie racistes de l'aryanisme et le droit à la Carl Schmitt ; il y a l'enseignement et la place que font les manuels à l'idéologie *völkisch* et, en particulier, à ce qu'on appelle *Heimatkunde*, l'exaltation du terroir[3]. Ces « sources » innombrables, qui jaillissent de toutes parts, enseignent la propriété fondamentale d'une configuration idéologique faite de mots fonctionnant comme des exclamations d'extase ou d'indignation et de thèmes demi-savants réinterprétés, produits « spontanés » d'inventions individuelles objectivement orchestrées parce que fondées sur l'orchestration des habitus et sur l'accord affectif des phantasmes partagés qui donnent l'apparence à la fois de l'unité et de l'infinie originalité.

Mais l'humeur *völkisch* est aussi un ensemble de questions à travers lesquelles c'est l'époque elle-même qui se donne à réfléchir : questions confuses comme des états d'âme, mais fortes et obsédantes comme des phantasmes, sur la technique,

---

3. Cf. George L. Mosse, *The Crisis of German Ideology*, New York, The Universal Library, Grosset and Dunlap, 1964, pp. 149-170 ; E. Weymar, *Das Selbstverständnis der Deutschen,* Stuttgart, 1961 ; R. Minder, « Le "Lesebuch", reflet de la conscience collective », *Allemagne d'aujourd'hui*, mai-juin 1967, p. 39-47.

sur les travailleurs, sur l'élite, sur le peuple, sur l'histoire, sur la patrie. Rien d'étonnant si cette problématique du pathos trouve son expression privilégiée dans le cinéma, avec par exemple les scènes de foule de Lubitsch ou les queues des films de Pabst (réalisations paradigmatiques de *Das Man*), ou cette sorte de condensé de tous les phantasmes-problèmes, *Metropolis* de Fritz Lang [4], traduction plastique de *Der Arbeiter* (*Le travailleur*) de Jünger [5].

En raison de son caractère mou et syncrétique, à la limite de l'expression rationnelle, l'idéologie *völkisch* a trouvé sa meilleure expression dans la littérature et surtout dans le cinéma. A cet égard, le livre de Siegfried Kracauer, *De Caligari à Hitler, une histoire psychologique du cinéma allemand* (Lausanne, L'Age d'homme, 1973), représente sans doute une des meilleures évocations de l'esprit de l'époque. Outre la présence obsédante de la rue et des masses (pp. 57-188), on retiendra plus particulièrement des thèmes comme celui de l'« absolutisme patriarcal » dans *Ein Glas Wasser* (un verre d'eau) et *Der verlorene Schuh* (Cendrillon), deux films de Ludwig Berger qui « concevaient "l'avenir meilleur" comme un retour au bon vieux temps » (p. 118) et celui de la conversion (*innere Wandlung*) qui « compte plus que toute transformation du monde extérieur » (p. 119), un des thèmes les plus chers aux cœurs des petits bourgeois allemands comme en témoigne le succès alors prodigieux des œuvres de Dostoïevski, traduites par Möller van

---

4. L'argument du film est le suivant : en l'an 2000, Freder, le fils du maître de Metropolis, Joh Fredersen, se rebelle contre l'aristocratie qui règne sur la cité et qui a condamné les ouvriers à mener une vie inhumaine, sous terre, au-dessous des salles où sont situées les machines. Maria, une ouvrière, exhorte ses compagnons à attendre l'arrivée d'un médiateur (*Fürsprecher*) qui unira la cité. Freder est ce sauveur. Mais son père fait obstacle à sa « mission » en faisant fabriquer par le savant Rotwang un robot qui est le sosie de Maria et qui prêche la révolte aux ouvriers. Le plan réussit et les ouvriers brisent les machines, causant ainsi l'inondation de leurs propres logements. Pensant que leurs enfants sont morts noyés dans la catastrophe, les ouvriers s'emparent du robot et le brûlent. Mais, dans le même temps, Freder et la vraie Maria ont sauvé les enfants. Rotwang pourchasse Maria sur le toit de la cathédrale. Freder le suit. Dans la lutte qui les oppose, Rotwang perd l'équilibre et s'écrase au sol. Emu par le danger qu'a couru son fils, Joh Fredersen se repent et accepte de serrer la main du représentant des travailleurs.

5. E. Jünger, *Der Arbeiter*, Hambourg, Hanseatische Verlagsanstalt, 1932. Republié *in* : E. Jünger, *Werke*, Stuttgart, Ernst Klett, s.d., vol. VI.

den Bruck[6]. Un autre thème, enfin, devait connaître un succès prodigieux, celui de la « montagne », qui donna naissance à un genre « exclusivement allemand ». Lui appartiennent, entre autres, tous les films du Dr Arnold Franck, qui s'était fait une spécialité de « ce mélange de glaces étincelantes et de sentiments boursouflés ». En fait, comme le note Siegfried Kracauer, « le message de la montagne que Franck s'était attaché à populariser par des vues aussi splendides était le credo de bon nombre d'Allemands porteurs de titres académiques, et d'autres qui n'en avaient pas, y compris une partie de la jeunesse universitaire. Longtemps avant la Première Guerre mondiale, un groupe d'étudiants de Munich quittait chaque week-end la ville grise pour aller dans les Alpes bavaroises toutes proches où ils se livraient à leur passion (...). Remplis d'enthousiasme prométhéen, ils faisaient l'ascension de quelque redoutable "cheminée", puis fumaient tranquillement leur pipe au sommet, en regardant avec un orgueil infini ce qu'ils appelaient les "vallées à cochons" — ces multitudes plébéiennes qui ne faisaient jamais le moindre effort pour s'élever jusqu'aux hauteurs altières » (pp. 121-122).

Spengler, bien placé pour sentir et pressentir ce changement de l'humeur collective, évoque avec justesse cette atmosphère idéologique : « La pensée faustienne commence à ressentir la *nausée* des machines. Une lassitude se propage, une sorte de pacifisme dans la lutte contre la Nature. Des hommes retournent vers des modes de vie *plus simples* et plus *proches d'elle* ; ils consacrent leur temps aux sports plutôt qu'aux expériences techniques. Les *grandes cités* leur deviennent odieuses et ils aspirent à s'évader de l'oppression écrasante des *faits sans âme*, de l'atmosphère rigide et glaciale de l'*organisation technique*. Et ce sont précisément les talents puissants et créateurs qui tournent ainsi le dos aux *problèmes pratiques* et aux *sciences* pour aller vers les *spéculations désintéressées*. L'*occultisme* et le *spiritisme*, les *philosophies indiennes*, la *curiosité métaphysique* sous le manteau chrétien ou païen, qui tous étaient objet de mépris à l'époque de Darwin, voient aujourd'hui leur renouveau. C'est l'esprit de Rome au siècle d'Auguste. Dégoûtés de la vie, les

---

6. Heidegger mentionne la lecture des œuvres de Dostoïevski (et aussi de Nietzsche, de Kierkegaard et de Dilthey) parmi les expériences marquantes de sa jeunesse étudiante (cf. O. Pöggeler, *La pensée de Heidegger*, Paris, Aubier, 1967, p. 31).

hommes fuient la *civilisation* et cherchent refuge dans des pays où subsistent une vie et des conditions primitives, dans le *vagabondage*, dans le suicide »[7]. Et Ernst Troeltsch présente la même intuition globale de ce système d'attitudes, à partir d'un point de vue beaucoup plus distant, donc beaucoup plus objectivement, dans un article paru en 1921 où il repère les grands traits de la *Jugendbewegung* : le refus de l'exercice et de la discipline, de l'idéologie du succès et du pouvoir, de la culture excessive et superficielle imposée par l'école, de l'intellectualisme et de la suffisance littéraire, de la « grande Métropole » et du non-naturel, du matérialisme et du scepticisme, de l'autoritarisme et du règne de l'argent et du prestige. Il note par ailleurs l'attente de « synthèse, de système, de *Weltanschauung* et de jugements de valeur », le besoin d'une immédiateté et d'une intériorité renouvelées, d'une nouvelle aristocratie intellectuelle et spirituelle pour contrebalancer le rationalisme, le nivellement démocratique et la vacuité spirituelle du marxisme, l'hostilité à l'égard de la mathématisation et de la mécanisation de toute la philosophie européenne depuis Galilée et Descartes, le refus de la conception évolutionniste et de toute affirmation critique, de toute méthode exacte et de toute rigueur de pensée et de recherche[8].

Le discours *völkisch*, « message lettré destiné à des lettrés »[9], naît et renaît sans cesse aux marges de l'Université, dans les cercles mondains ou les groupes artistico-intellectuels, et fleurit dans les universités, d'abord chez les étudiants et les enseignants subalternes, puis, au terme d'une dialectique complexe dont l'œuvre de Heidegger est un moment, chez les maîtres eux-mêmes. L'effet des événements économiques et politiques s'exerce par la médiation de la crise spécifique du champ

---

7. Cf. O. Spengler, *L'homme et la technique* (*Der Mensch und die Technik*, 1931), Paris, Gallimard, 1958, pp. 147-148 (c'est moi qui souligne).
8. Cf. E. Troeltsch, « Die Revolution in der Wissenschaft », in *Gesammelte Schriften*, t. 4, Aufsätze zur Geistesgeschichte und Religionssoziologie, Scientia, Verlag Aalen, 1966, pp. 653-677, 1re éd. Tübingen, 1925. (1987 : Ce passage est spécialement dédié à ceux qui, à la faveur de l'ignorance de l'histoire, découvrent avec émerveillement les réitérations *up to date* de ces tristes topiques toujours présents dans l'univers intellectuel mais de loin en loin portés au sommet de la vague cyclique de la mode.)
9. G.-L. Mosse, *op. cit.*, p. 150.

universitaire que déterminent l'afflux des étudiants [10] et l'incertitude des débouchés, l'apparition d'un prolétariat universitaire condamné soit à « enseigner au-dessous du niveau universitaire », soit à vivre d'expédients aux marges de l'Université (tel le maître spirituel de Hitler, D. Eckart, éditeur misérable d'une petite revue de Munich, *Auf gut Deutsch*), le déclin, du fait de l'inflation, du statut économique et social des professeurs, souvent inclinés à des prises de position conservatrices, nationalistes, voire xénophobes et antisémites [11]. A quoi vient s'ajouter l'effet de la demande d'un enseignement plus pratique que l'Etat et la grande industrie adressent à l'Université, avec des attendus et des objectifs différents, et des critiques des partis politiques qui, après 1919, incluent la réforme de l'éducation dans leurs programmes et qui contestent les traditions intellectuellement et spirituellement aristocratiques des universités [12].

Le prolétariat intellectuel des « docteurs obligés d'enseigner au-dessous du niveau universitaire du fait du manque de chaires » [13] et des « travailleurs intellectuels subalternes » qui se sont multipliés à mesure que les grands instituts scientifiques « sont devenus des entreprises du "capitalisme d'Etat" » [14] est grossi de tous ces étudiants prolongés que la logique du système universitaire allemand autorise à se perpétuer dans des positions d'enseignants subalternes. On a ainsi, au sein même de l'Université, une « intelligentsia libre » que des systèmes plus rigides renvoient aux cafés littéraires : littéralement déchirée par le contraste entre le traitement spirituel et le traitement matériel que lui offre l'Université, elle est pré-

---

10. Le nombre des étudiants dans l'enseignement supérieur passe de 72 064 en 1913-1914 à 117 811 en 1931-1932, soit un rapport de 100 à 164. « Durant l'inflation, l'abaissement relatif des frais scolaires provoqua un afflux d'étudiants » (cf. G. Castellan, *L'Allemagne de Weimar, 1918-1933*, Paris, A. Colin, 1969, p. 251 et, sur les effets de cet afflux, F. Ringer, *The Decline of the German Mandarins, The German Academic Community, 1890-1933*, Cambridge, Harvard University Press, 1969).
11. Cf. le témoignage de Franz Neumann, cité par P. Gay, *op. cit.*, p. 43.
12. Sur la critique « moderniste » et ses représentants dans l'Université avant 1918, Kerschensteiner, Virchow, Ziegler, Lehmann, et surtout après, Leopold von Wiese, Paul Natorp, Alfred Vierkandt, Max Scheler, voir F. Ringer, *op. cit.*, spécialement pp. 269-282.
13. G.L. Mosse, *op. cit.*, p. 150.
14. M. Weber, *Le savant et le politique*, Paris, Plon, 1959, p. 57.

disposée à jouer le rôle d'une *avant-garde* qui pressent et annonce le destin collectif d'un corps universitaire menacé dans ses privilèges économiques et symboliques [15].

On comprend que ce qu'on appelle alors « la crise de l'Université » s'accompagne de ce qu'Aloys Fischer nomme une « crise des autorités » et d'une redéfinition des fondements de l'autorité professorale : l'anti-intellectualisme, comme toutes les formes d'irrationalisme mystique ou spiritualiste, constitue toujours une bonne manière de contester le tribunal universitaire et ses verdicts. Mais cet anti-intellectualisme des étudiants et des enseignants subalternes menacés dans leur avenir ne pouvait conduire à une mise en question profonde de l'établissement scolaire puisque, comme le remarque encore Fischer, il s'en prenait à des traditions intellectuelles traditionnellement discréditées parmi les professeurs eux-mêmes, le positivisme naturaliste, l'utilitarisme, etc. [16]. Le déclin objectif de la position relative du corps professoral et la crise spécifique qui affecte les « facultés des lettres » depuis la fin du XIXe siècle (avec le progrès des sciences de la nature et des sciences de l'homme et le bouleversement corrélatif des hiérarchies académiques) ne pouvaient qu'incliner les professeurs d'université à participer à la déploration du déclin de la culture ou de la civilisation occidentales : l'indignation conservatrice qui s'affirme, après 1918, au sein de l'Université allemande, et qui se nourrit de slogans ou de lieux communs tels que la déploration de l'« individualisme » (ou de « l'égotisme »), la dénonciation des « tendances utilitaristes et maté rialistes » et de la crise de la connaissance (*Krise der Wissenschaft*), etc., doit sa

---

15. L'avancement dans l'Université était si précaire qu'étudiants et assistants disaient par plaisanterie : « Encore quelques semestres et nous serons chômeurs. » Quant aux professeurs, leur situation matérielle avait été très fortement affectée par l'inflation : l'un d'eux peut ainsi déplorer, dans une préface, qu'un simple soldat de l'armée d'occupation touche un salaire deux ou trois fois supérieur à celui des plus grands savants de l'Allemagne (E. Bethe, *Homer*, Leipzig et Bonn, vol. 2, 1922, p. III).
16. A. Fischer, cité par F. Ringer, *op. cit.*, pp. 412 sq. Le contenu même des réformes pédagogiques que propose Fischer est très significatif : le primat donné à la « synthèse » et à la vision synthétique, intuitive, à la compréhension et à l'interprétation (par opposition à « l'observation »), à la formation du « caractère », à l'« éducation des émotions », exprime la volonté d'imposer un nouveau type de « qualités intellectuelles » et une nouvelle définition de la « compétence » de l'intellectuel.

coloration politiquement conservatrice et antidémocratique au fait qu'elle se développe en réponse aux attaques lancées par les partis de gauche (et relayées, au moins partiellement, par les sciences de l'homme et en particulier la sociologie) contre les normes académiques et les idéaux intellectuellement aristocratiques des universités allemandes. Fritz Ringer rappelle tous ces mots qui, fonctionnant comme de simples stimuli émotionnels, renvoient à toute une vision du monde politique : par exemple « désintégration » (*Zersetzung*) ou « décomposition » (*Dekomposition*) évoquent non seulement l'affaiblissement des liens naturels, irrationnels ou éthiques entre les hommes dans une « société industrielle », mais aussi les techniques purement intellectuelles qui ont contribué à détruire les fondements traditionnels de la cohésion sociale en les soumettant à une analyse critique. Il cite à satiété les propos antimodernistes, antipositivistes, antiscientistes, antidémocratiques, etc., que produisent les professeurs allemands en réponse à la crise non de la culture, comme ils disent, mais de leur capital culturel.

> « Nous sommes envahis de toutes parts par le dénigrement destructeur, l'arbitraire, l'informe, la puissance de nivellement et de mécanisation de cet âge des machines, la dissolution méthodique de tout ce qui est sain et noble, la volonté de ridiculiser tout ce qui est fort et sérieux, de déshonorer tout ce qui est sacré et qui permet à l'homme de s'élever en le servant [17]. » « A mesure que les masses pesamment avancent sur le chemin pénible et monotone de leurs vies comme des esclaves ou des automates, des êtres mécaniques privés d'âme et de pensée, il n'est rien dans la nature et dans la société qui, pour leur façon de penser technicisée et routinisée, n'apparaisse profondément mécanisé. Tout, pensent-elles (...) est comme ce que fournit la production de masse de l'usine : médiocre, moyen ; tout est pareil et ne peut être distingué que par le nombre. Il n'y a pas, pensent-elles, de différence entre les races, les peuples et les Etats, il n'y a pas de hiérarchie des talents et des réussites, il n'y a pas de supériorité possible de l'un sur l'autre, et, quand il existe encore des modèles de vie différents,

---
17. K.A. von Müller, *Deutsche Geschichte*, p. 26, cité par F. Ringer, *op. cit.*, p. 222.

elles cherchent, par haine de la noblesse de naissance, d'éducation ou de culture, à définitivement aplanir[18]. »

Lorsque le penseur professionnel croit penser le monde social, il pense toujours sur du déjà pensé, qu'il s'agisse du journal cher à Hegel, des œuvres à succès des essayistes politiques ou des ouvrages de ses collègues, qui parlent tous de ce monde mais de manière plus ou moins savamment euphémisée. Les propos d'universitaires comme Werner Sombart ou Edgar Salin, Carl Schmitt ou Othmar Spann, ou d'essayistes comme Möller van den Bruck ou Oswald Spengler, Ernst Jünger ou Ernst Niekisch, et les innombrables variantes de l'idéologie conservatrice ou « révolutionnaire conservatrice » que les professeurs allemands produisent quotidiennement dans leurs cours, leurs discours et leurs essais, sont pour Heidegger, comme il est pour eux et comme ils sont les uns pour les autres, des objets de pensée, mais d'une espèce tout à fait particulière, puisqu'ils représentent une objectivation approchée (aux schèmes de pensée et d'expression près) de ses propres humeurs éthico-politiques.

Pour donner une idée de ces innombrables rencontres thématiques et lexicologiques qui sont autant de renforcements mutuels, il faudrait citer toute l'œuvre des porte-parole de l'esprit du temps, qui expriment tout le groupe et contribuent fortement à façonner les structures mentales en réalisant une objectivation particulièrement réussie des dispositions communes. On pense tout particulièrement à Spengler : son petit livre, *L'homme et la technique*, écrit en 1931, condense la substance idéologique du *Déclin de l'Occident*, dont le premier volume est paru en 1918 et le second en 1922, et qui est devenu une référence commune.

La dénonciation des « théories plébéiennes du rationalisme, du libéralisme et du socialisme » (*L'homme et la technique*, op. cit., p. 125) trouve son centre dans la critique de l'« optimisme

---

18. H. Güntert, *Deutscher Geist : Drei Vorträge*, Bühl-Baden, 1932, p. 14, cité par F. Ringer, *op. cit.*, pp. 249-250. Il faudrait, prolongeant les indications de F. Ringer (cf. par exemple les déclarations qu'il cite, *op. cit.*, p. 214), recenser les lieux communs de l'aristocratisme universitaire qui fleurissaient surtout dans les discours des circonstances solennelles, occasions de communier dans les communes répulsions et d'exorciser collectivement les anxiétés partagées.

trivial » (p. 38), de la foi dans le progrès technique (p. 44), et des « espérances progressistes bleu layette et rose bonbon », décrites dans le langage quasi heideggérien de la fuite de la vérité de l'existence humaine comme « fugacité », « naissance » et « déchéance » (p. 46) : il est significatif que soient développés dans ce contexte, quoique sous une forme rudimentaire, les thèmes de la conscience résolue de la mort (p. 46) et du souci, « projection d'une mission mentale dans le futur » et « préoccupation de ce qu'on va être » (p. 66), comme traits distinctifs de l'être humain. La critique de la science faustienne, simple « mythe », mais « fondé » sur « une hypothèse pragmatique » qui « a pour fin non d'embrasser et de dévoiler les secrets de l'univers, mais de les rendre utilisables à des fins déterminées » (p. 127), et de la volonté *diabolique* de domination sur la nature qui conduisent à la « croyance dans la technique », véritable « religion matérialiste » (p. 132), s'achève dans l'évocation apocalyptique (qui annonce le Heidegger de « L'essence de la technique ») de la domination de l'homme par la technique (p. 138), de la « mécanisation du monde » et du règne de l'« artificiel » (antithèse des « ouvrages faits à la main par les peuples encore simples ») (p. 143) : « Toutes les choses vivantes agonisent dans l'étau de l'organisation. Un monde artificiel pénètre le monde naturel et l'empoisonne. La civilisation est elle-même devenue une machine, faisant ou essayant de tout faire mécaniquement. Nous ne pouvons plus penser qu'en termes de "chevaux-vapeurs". Nous ne pouvons regarder une cascade sans la transformer mentalement en énergie électrique » (p. 144).

Ce thème central s'entrelace, sans lien logique apparent, avec l'exaltation brutale, jusqu'au racisme (p. 109, 154-155), des « catégories naturelles », qui « distinguent le fort du faible, l'astucieux du stupide » (p. 121), avec l'affirmation sans fard de « l'ordre hiérarchique naturel » (p. 106), fondé dans la biologie comme l'opposition du lion et de la vache (p. 61), observable dans les « jardins zoologiques » (p. 62), celui du « génie » et du « don » (p. 137), qui oppose les « chefs-nés », les « animaux de proie », les « richement doués », au « troupeau » « toujours plus dense » (pp. 113-114), à la « masse », simple « résidu négatif » (p. 150), des « sous-hommes » (p. 105) voués à l'envie (p. 115). Le lien, qu'atteste la concomitance, entre le thème « écologique » du « retour à la nature » et le thème hiérarchique du « droit naturel », réside sans doute dans une sorte de jeu phantasmatique avec la notion de *nature* :

l'exploitation idéologique de la nostalgie de la nature campagnarde et du malaise de la civilisation urbaine repose sur l'identification subreptice du retour à la nature avec un retour au droit naturel qui peut s'opérer par différentes voies, comme la restauration des relations enchantées, de type patriarcal ou paternaliste, associées au monde paysan, ou, plus brutalement, l'invocation des différences et des pulsions universellement inscrites dans la nature (et en particulier la nature *animale*).

A ces deux thèmes centraux s'accrochent, un peu au hasard du discours, des thèmes sociologiquement apparentés, la condamnation de la cité, « totalement antinaturelle », et des divisions sociales, « totalement artificielles » (pp. 120-121), qui s'y développent, la dénonciation de la domination de la pensée, de la raison, de l'intellect sur la vie et sur l'âme et sur la vie de l'âme (pp. 97-99), l'exaltation de l'approche globale et totalisante (« l'appréhension physionomique »), seule apte à saisir l'unité de la « vie » contre tous les découpages analytiques (pp. 39-43).

La vérité politique de ces considérations à prétention philosophique se livre en toutes lettres dans *Preussentum und Sozialismus*, pur pamphlet politique publié en 1920, qui n'entame pas la réputation de profond penseur que l'auteur de *Untergang des Abendlandes* s'est acquise au sein même de la communauté universitaire. Spengler y développe une théorie du « socialisme prussien » qu'il oppose au « socialisme anglais », matérialiste, cosmopolite et libéral : les Allemands doivent renouer avec la tradition, remontant à Frédéric II, du socialisme autoritaire qui, par essence antilibéral et antidémocratique, confère la primauté au tout par rapport à l'individu, voué à l'obéissance, et dont Spengler discerne des traces jusque dans le Parti socialiste allemand de Bebel et ses « bataillons de travailleurs », leur sens quasi militaire de la discipline, de la calme résolution, et leur capacité de mourir courageusement pour des valeurs supérieures.

Pour se donner une vue proprement génétique de la logique de cette production de discours, on peut s'adresser à Ernst Jünger, à qui Heidegger a mainte fois témoigné la plus grande estime intellectuelle : à la faveur des libertés imparties à des genres qui, comme le journal ou le roman, autorisent et encouragent à cultiver la singularité des « expériences » « rares », Jünger livre des évocations directes des « situations primitives » où s'enracinent les *phantasmes originaires*, principes cachés des constructions, souvent laborieuses, de l'essayiste[19].

« Avec F.G. (...) au 300, *en ce dimanche à prix réduit*. La vue des *masses* est fort oppressante, mais on ne doit pas oublier qu'on les voit à travers l'œil froid de la statistique » (E. Jünger, *Jardins et routes, pages de journal, 1939-1940*, trad. de l'allemand par M. Betz, Paris, Plon, 1951, p. 46 ; souligné par moi). « Deux jours à *Hambourg*. Même lorsqu'on se rend régulièrement dans les *grandes villes*, on est chaque fois surpris par l'aggravation de leur caractère *automatique* » (*op. cit.*, p. 50). « Les *spectateurs qui sortent du cinéma* ressemblent à une *foule de dormeurs* qui s'éveillent et, lorsque nous pénétrons dans une *salle baignée de musique mécanique*, nous croyons entrer dans l'atmosphère d'une *fumerie d'opium* » (*op. cit.*, p. 51). « Toutes ces *antennes des villes géantes* ressemblent à des cheveux qui se dressent sur une tête. Elles appellent des contacts *démoniaques* » (*op. cit.*, p. 44). Il ne manque que l'évocation des situations où les âmes d'élite peuvent éprouver leur distinction : « Les compartiments de non-fumeurs sont toujours moins garnis que les autres ; un *ascétisme* même inférieur *procure de l'espace* aux hommes » (E. Jünger, *op. cit.*, p. 90 ; c'est moi qui souligne).

S'étant ainsi donné une intuition de la vision du monde social propre à cet « anarchiste conservateur », héros de la grande guerre nourri de Sorel et Spengler[20], qui exaltera la guerre, la technique et la « mobilisation totale » et cherchera une conception authentiquement allemande de la liberté non dans les principes de l'*Aufklärung* mais dans une responsabilité « allemande » et un ordre « allemand »[21], qui dénoncera le rationalisme et le désir bourgeois de sécurité pour célébrer un art de vivre conçu comme un art de combattre et de mourir, on peut interroger la « philosophie sociale » telle qu'elle s'exprime dans

---

19. L'irruption brutale des phantasmes sociaux est d'autant plus rare que le discours est plus censuré. Elle est tout à fait exceptionnelle par exemple chez Heidegger.
20. H.P. Schwarz, *Der konservative Anarchist : Politik und Zeitkritik Ernst Jüngers*, Fribourg, Rombach, 1962.
21. S. Rosen, *Nihilism : A Philosophical Essay*, New Haven et Londres, Yale University Press, 1969, p. 114.

le *Traité du rebelle* [22], formulation moins ambitieuse et plus transparente des thèses de *Der Arbeiter*. Cet ouvrage s'organise autour d'un ensemble d'oppositions qui ont pour centre l'antithèse entre l'Ouvrier, apparemment héroïsé par l'allégorie, et le Rebelle : le premier représente « le principe technique », réduit par « la technique, le collectif, le typique » à l'état pleinement automatique »[23], soumis à l'esclavage de la technique et de la science, du confort et des « impulsions reçues »[24], bref, l'homme quelconque, un « numéro » dont l'addition mécanique, purement statistique, produit « les masses », c'est-à-dire les « puissances collectives » des « bas-fonds », que l'ère des tarifs gratuits déverse sur les lieux jusque-là réservés[25]. En face de ce produit négatif de tous les déterminismes de la civilisation « technicienne », « le Rebelle »[26], le poète, l'unique, le chef,

---

22. E. Jünger, *Sur l'homme et le temps*, t. I, *Traité du rebelle* (Der Waldgang), Monaco, Ed. du Rocher, 1957-1958.
23. E. Jünger, *Traité du rebelle, op. cit.*, pp. 39, 51.
24. « Admettons que nous ayons esquissé les contours de l'hémisphère où se situe le continent de la nécessité. Le *technique*, le *typique*, le *collectif* s'y manifestent, tantôt grandioses, et tantôt redoutables. Nous nous dirigeons maintenant vers l'autre pôle, où l'individu n'agit pas uniquement selon les *impulsions reçues* » (E. Jünger, *Traité du rebelle, op. cit.*, p. 61). « Dans le paysage des chantiers, ce sont des *automates* qui s'emparent du centre. Cet état ne saurait être que provisoire. Toute *perte de substance*, toute évacuation annonce une occupation nouvelle, et *tout déclin* une métamorphose, un *retour* » (E. Jünger, *L'Etat universel*, Paris, Gallimard, 1962, p. 22). « Si l'on voulait nommer l'instant fatal, aucun, sans doute, ne conviendrait mieux que celui où sombra le *Titanic*. La lumière et l'ombre s'y heurtent brutalement : l'*hybris* du *progrès* y rencontre la panique, le suprême confort se brise contre le néant, l'*automatisme* contre la catastrophe, qui prend l'aspect d'un accident de la circulation » (E. Jünger, *Traité du rebelle, op. cit.*, p. 42 ; c'est moi qui souligne).
25. « ... De l'autre, il [le chemin] descend vers les *bas-fonds* des camps d'esclavage et des abattoirs où les primitifs concluent avec la technique une alliance meurtrière ; où l'on n'est plus un destin mais rien qu'*un numéro* de plus. Or avoir *un destin* propre ou se laisser traiter comme *un numéro* : tel est le dilemme que chacun, certes, doit résoudre de nos jours, mais est seul à pouvoir trancher (...). Car, à mesure que les *puissances collectives* gagnent du terrain, la *personne* s'isole des organismes anciens, formés par les siècles, et se trouve seule » (E. Jünger, *Traité du rebelle, op. cit.*, p. 47 ; souligné par moi).
26. « Quant au Rebelle, nous appellerons ainsi celui qui, isolé et privé de sa patrie par la marche de l'univers, se voit enfin livré au *néant* (...). Est rebelle, par conséquent, quiconque est mis par la loi de sa nature en rapport avec la *liberté*, relation qui l'entraîne dans le temps à une *révolte contre l'automatisme* (...) » (E. Jünger, *Traité du rebelle, op. cit.*, p. 39). « L'anarchiste est l'archi-conservateur (...). Il se distingue du conservateur en ce que son effort s'attaque à l'état d'homme en soi, mais non à une classe » (...). « L'anarchiste ne connaît ni tradition ni cloisonnement. Il ne veut pas être requis ni asservi par l'Etat et ses organismes (...). Il n'est ni soldat ni travailleur » (E. Jünger, *L'Etat universel, op. cit.*, pp. 112, 114 ; c'est moi qui souligne).

dont le « royaume » (haut, sublime, etc.) est ce « lieu de la liberté » « appelé la forêt ». Le « recours aux forêts », « marche hasardeuse qui ne mène pas seulement *hors des sentiers battus*, mais au-delà des frontières de la méditation »[27] — comment ne pas penser à *Holzwege* ? —, promet le retour au « sol natal », aux « sources », aux « racines », au « mythe », aux « mystères », au « sacré », au « secret »[28], à la sagesse des simples, bref, à la « force orginelle » qui appartient à celui qui « a le goût du danger » et préfère la mort à l'abaissement dans la « servitude »[29]. D'un côté, donc, le « monde de la sécurité sociale »[30], de l'égalité, de la collectivité, du socialisme niveleur[31], univers

---

27. E. Jünger, *Traité du rebelle, op. cit.*, p. 19.
28. « A supposer même que le *néant* triomphe (...), une différence subsiste alors, aussi radicale que celle du jour et de la nuit. D'un côté, le chemin *s'élève*, vers des *royaumes sublimes*, le sacrifice de la vie, ou le destin du *combattant*, qui succombe sans lâcher les armes. » (...) « La forêt est secrète. Le *secret*, c'est l'*intime*, le *foyer* bien *clos*, la *citadelle* de sécurité. Mais c'est aussi le clandestin, et ce sens le rapproche de l'insolite, de l'équivoque. Quand nous rencontrons de telles *racines*, nous pouvons être sûrs qu'elles trahissent la grande antithèse et l'identité, plus grande encore, de la vie et de la mort, que les *mystères* s'attachent à déchiffrer » (E. Jünger, *Traité du rebelle, op. cit.*, pp. 47, 68). « L'une des idées de Schwarzenberg était qu'il fallait replonger de la surface aux *abîmes ancestraux* si l'on voulait établir une *authentique souveraineté* » (E. Jünger, *Visite à Godenholm*, Paris, Chr. Bourgois, 1968, p. 15 ; c'est moi qui souligne).
29. « En un tel moment (quand on sentira venir les *catastrophes*), l'action passera toujours aux mains d'*élites*, qui préfèrent le *danger* à la *servitude*. Et leurs entreprises seront toujours précédées de *réflexion*. Elle adoptera tout d'abord la forme d'une *critique* du temps, d'une conscience de l'imperfection des valeurs admises, puis du *souvenir*. Ce souvenir peut se référer aux *Pères* et à leurs hiérarchies, plus proches des *origines*. Il tendra dans ce cas aux *restaurations du passé*. Que le danger croisse, et le salut sera cherché plus profondément, chez les *Mères*, et ce contact fera jaillir l'*énergie primitive*, celle que les puissances du temps ne peuvent endiguer » (E. Jünger, *Traité du rebelle, op. cit.*, p. 51). « Il y avait toujours eu une conscience, une sapience supérieure à la contrainte de l'Histoire. Elle ne pouvait d'abord s'épanouir qu'en peu d'esprits » (E. Jünger, *Visite à Godenholm, op. cit.*, p. 18 ; c'est moi qui souligne).
30. « Quoi qu'on pense de ce monde de *sécurité sociale, d'assurance maladie*, de fabriques de produits pharmaceutiques et de spécialistes, on est plus *fort* quand on peut se passer de tout cela » (*Traité du rebelle, op. cit.*, p. 93). « L'Etat *nivelle* (...) L'Etat-assurance, l'Etat-confort, et l'Etat-providence » (E. Jünger, *L'Etat universel, op. cit.*, p. 28 ; c'est moi qui souligne).
31. « Toutes ces expropriations, dévaluations, caporalisations, liquidations, rationalisations, socialisations, électrifications, remaniements du cadastre, répartitions et pulvérisations ne supposent ni *culture*, ni *caractère*, car l'une et l'autre portent plutôt préjudice à l'*automatisme*. » Plus loin : « Les êtres sont si bien enclavés dans la *collectivité* et ses structures qu'ils se trouvent presque incapables de se défendre » (E. Jünger, *Traité du rebelle, op. cit.*, pp. 32, 55 ; souligné par moi).

plusieurs fois désigné comme « zoologique »[32] ; de l'autre, le royaume réservé à « une petite élite »[33], qui ne refuse pas la fraternité des « simples » et des « modestes »[34]. Ainsi le recours est un *retour*[35], et on comprend que cette vision du monde social se résume dans une philosophie de la temporalité qui oppose le temps linéaire, progressif, progressiste, orienté vers la « catastrophe » finale du monde technique, au temps cyclique, qui « fait retour », symbole parfait de la *révolution conservatrice*, de la *Restauration*, comme dénégation de la révolution[36].

Devant un univers idéologique si monotone que la mémorisation des différences — surtout entre les auteurs les plus divulgués — est souvent très difficile, on pense d'abord, par un réflexe professionnel de lettré que le structuralisme n'a fait que renforcer, à dresser le « tableau » des oppositions pertinentes, pour chaque auteur et pour l'ensemble des auteurs apparentés. En fait, pareille construction formelle aurait pour effet de détruire la logique spécifique de ces nébuleuses idéologiques, qui se situe au niveau des schèmes de production et non du produit. Le propre des *topiques* qui donnent leur unité objective aux expressions de toute une époque, c'est leur quasi-indéter-

---

32. « A ce stade, on est contraint de traiter l'homme en *être zoologique* (...). On parvient ainsi, pour commencer, aux abords de l'utilitarisme brut, puis à ceux de la *bestialité* » (E. Jünger, *Traité du rebelle, op. cit.*, p. 76 ; souligné par moi).
33. E. Jünger, *Traité du rebelle, op. cit.*, p. 89.
34. (...) « Cette rencontre [avec un paysan français] me montra la dignité que prête à l'homme une *longue vie* de travail. Et surprenante est la *modestie* que montrent toujours ces hommes. C'est leur façon de se distinguer » (E. Jünger, *Jardins et routes, pages de journal, 1939-1940, op. cit.*, p. 161 ; souligné par moi).
35. « Le temps qui fait *retour* est un temps qui apporte et rapporte (...). Le temps *progressif*, au contraire, ne se mesure pas par cycles et révolutions, mais par rapport à des échelles : c'est un temps homogène. (...) Dans le retour, c'est l'origine qui est essentielle ; dans le progrès, c'est le terme. Nous le voyons à la doctrine des paradis, que les uns placent à l'origine, les autres à la fin de la voie » (E. Jünger, *Sur l'homme et le temps*, t. II, *Traité du sablier* (Das Sanduhrbuch), Monaco, Ed. du Rocher, 1957-1958, p. 66 ; souligné par moi).
36. Jünger laisse voir en toute clarté ce que cachaient si bien les jeux de mots heideggériens sur *eigen*, *Eigenschaft* et *Eigentlichkeit*, c'est-à-dire, pour parler comme Marx, « le jeu de mots du bourgeois sur *Eigentum* et *Eigenschaft* » : « La propriété est existentielle, attachée à son détenteur et indissolublement liée à son être » ; ou encore : « Les hommes sont frères mais non pas égaux. » A un degré d'euphémisation plus faible que chez Heidegger correspondent des démentis plus grossiers : « C'est dire également que notre terme ne recouvre pas d'intentions russophobes. » (...) « Notre intention n'est pas de nous en prendre aux coulisses de la politique et de la technique ou à leurs groupements » (E. Jünger, *Traité du rebelle, op. cit.*, pp. 57, 58, 117, 120).

mination, qui les apparente aux oppositions fondamentales des systèmes mythiques : sans doute l'intersection de tous les usages de l'opposition entre culture (*Kultur*) et civilisation (*Zivilisation*) est-elle à peu près vide[37] ; cela n'empêche pas que la maîtrise pratique de cette distinction, fonctionnant comme une sorte de *sens de l'orientation éthique et politique*, permet en chaque cas particulier de produire des distinctions floues et totales qui ne seront jamais ni complètement superposables à celles d'un autre utilisateur ni complètement différentes, et qui conféreront de ce fait à toutes les expressions du temps cet air d'unité qui ne résiste pas à l'analyse logique mais qui constitue une des composantes importantes d'une définition sociologique de la contemporanéité.

C'est ainsi que chez Spengler la culture s'oppose à la civilisation, « l'état le plus artificiel et le plus extérieur dont l'humanité est capable », comme le dynamique au statique, le devenir au devenu (*rigor mortis*), l'intérieur à l'extérieur, l'organique au mécanique, le naturellement développé à l'artificiellement construit, les fins aux moyens, l'âme, la vie, l'instinct à la raison et à la décadence. Les oppositions fondamentales ne tiennent, on le voit, qu'en s'appuyant les unes sur les autres comme un château de cartes, à travers des analogies très vaguement définies. Il suffit d'essayer d'en prendre une à part pour que tout l'édifice s'écroule. Chaque penseur produit, à partir des schèmes primitifs et des équivalences pratiques qui les soutiennent, sa propre série[38] : utilisant l'opposition matricielle en sa forme primaire, comme Spengler, ou sous une forme plus élaborée, souvent méconnaissable, comme Heidegger, qui lui substitue, mais dans la même fonction, l'opposition entre la « pensée essentielle » et les sciences, il peut engendrer, au hasard des occasions ou des contextes, des applications que la

---

37. Norbert Elias a analysé le « réseau des associations cultivées » attachées à ces deux termes, qui s'organise autour de l'opposition entre les formes sociales raffinées, les manières élaborées et la connaissance mondaine d'un côté, la spiritualité authentique et la sagesse cultivée de l'autre (cf. N. Elias, *Über den Prozess der Zivilisation*, vol. 1, Bâle, Hans zum Falken, 1939, pp. 1-64).

38. Armin Mohler distingue au moins cent tendances, depuis le « léninisme allemand » jusqu'à l'« impérialisme païen », depuis le « socialisme populaire » jusqu'au « nouveau réalisme », tout en retrouvant les composantes obligées d'un *mood* commun dans les mouvements les plus divers (cf. A. Mohler, *Die konservative Revolution in Deutschland*, Stuttgart, 1950).

bonne logique porterait à juger contradictoires, bien qu'elles se justifient dans la logique des équivalences entre les oppositions pratiques qui fondent les systématisations partielles.

Le principe de l'unité du *Zeitgeist* est la matrice idéologique commune, le système des schèmes communs qui, par-delà l'apparence de diversité infinie, engendrent les lieux communs, ensemble d'oppositions fondamentales, grossièrement équivalentes, qui structurent la pensée et organisent la vision du monde : soit, pour ne nommer que les plus importantes, les oppositions entre la culture et la civilisation, entre l'Allemagne et la France, ou, sous un autre rapport, l'Angleterre, paradigme du cosmopolitisme, entre la « communauté », la *Gemeinschaft* de Tönnies, et le « peuple » (*Volk*) ou la « masse » atomisée, entre la hiérarchie et le nivellement, entre le *Führer* ou le *Reich* et le libéralisme, le parlementarisme ou le pacifisme, entre la campagne ou la forêt et la ville ou l'usine, entre le paysan ou le héros et l'ouvrier ou le commerçant, entre la vie ou l'organisme (*Organismus*) et la technique ou la machine déshumanisante, entre le total et le partiel ou le parcellaire, entre l'intégration et la fragmentation [39], entre l'ontologie et la science ou le rationalisme sans Dieu, etc.

Ces oppositions, et les problèmes qu'elles permettent d'engendrer, ne sont pas propres aux idéologues conservateurs. Elles sont inscrites dans la structure même du champ de production idéologique où s'engendre, dans et par les antagonismes des positions opposées qui sont constitutives de cette structure, la problématique commune à tous les penseurs du temps. Le sous-champ que constituent les idéologues conservateurs, avec, comme le remarque Herman Lebovics, une droite, représentée par Spengler, et une gauche, c'est-à-dire une extrême droite, représentée, sous deux formes antithétiques et pourtant proches, par Niekisch et Jünger, est lui-même inséré dans ce champ de production, et, comme en témoigne la référence constante au libéralisme et au socialisme, ses productions sont marquées, négativement au moins, par l'effet de cette appartenance. Ainsi, le pessimisme des conservateurs à propos

---

39. L'intérêt pour Hölderlin, notamment dans les mouvements de jeunes, s'explique sans doute par son culte de l'intégration dans un monde de fragmentation et par la correspondance qu'il permet d'établir entre l'Allemagne fragmentée et l'homme fragmenté, étranger à sa propre société (cf. P. Gay, *op. cit.*, pp. 58-59).

de la technique, de la science, de la civilisation « technicienne », etc., est le contre-pied, structuralement imposé, de l'*optimisme* que Meyer Schapiro identifie à « l'illusion réformiste, qui était très largement répandue en particulier pendant la brève période de prospérité d'après guerre (...) et selon laquelle le progrès technologique — en accroissant le niveau de vie et en abaissant le coût des loyers et autres besoins — allait résoudre les conflits de classe ou allait au moins favoriser le développement de techniques de planification efficaces, menant à une transition pacifique vers le socialisme »[40]. Et, plus généralement, la « philosophie » des révolutionnaires conservateurs se définit de manière essentiellement négative, comme une « attaque idéologique contre la modernité, contre le complexe d'idées et d'institutions qui caractérisent notre civilisation libérale, séculière et industrielle »[41]. Elle se déduit, par simple inversion de signe, des propriétés de ses adversaires : francophiles, juifs, progressistes, démocrates, rationalistes, socialistes, cosmopolites, les intellectuels de gauche (dont Heine constitue le symbole) appellent en quelque sorte leur négation dans une idéologie nationaliste visant à la « restauration du *Deutschtum* mystique et à la création d'institutions capables de préserver le caractère original de l'Allemagne »[42].

Si les débats entre des esprits contraints de se référer au même espace des possibles et souvent structurés selon les mêmes oppositions ne tournent pas à la plus entière confusion, comme pourrait le faire croire la perception rétrospective, qui ignore les subtilités et les nuances, c'est que la production et la réception sont toujours guidées par un sens de l'orientation éthico-politique qui, surtout dans une période de crise politique doublée d'une crise universitaire, assigne à chaque mot,

---

40. M. Schapiro, « Nature of abstract art », *Marxist Quarterly*, I, janvier-mars 1937, pp. 77-98.
41. F. Stern, *The Politics of Cultural Despair, A Study in the Rise of the Germanic Ideology*, Berkeley-Los Angeles-Londres, University of California Press, 1961, pp. XVI-XVIII.
42. Cf. I. Deak, *Weimar's Germany Left-Wing Intellectuals, A Political History of the Weltbühne and its Circle*, Berkeley-Los Angeles, University of California Press, 1968 ; F. Stern, *op. cit.* Un des facteurs importants de cette construction idéologique est la position éminente des juifs dans la vie intellectuelle : ils possèdent les plus grandes maisons d'édition, des revues littéraires, des galeries d'art, occupent des positions importantes dans le théâtre et le cinéma et aussi dans la critique (cf. F. Stern, *op. cit.*, p. 28).

à chaque thème, même le plus éloigné en apparence de la politique, comme la question de la quantification dans les sciences ou le problème du rôle de l'*Erlebnis* dans la connaissance scientifique, une place sans équivoque dans le champ idéologique, c'est-à-dire *grosso modo*, à gauche ou à droite, du côté du modernisme ou de l'antimodernisme, du socialisme, du libéralisme ou du conservatisme.

Sombart, comme tous les conservateurs qui prennent position sur la question de la quantification (par exemple Spann et sa *Ganzheit*), est du côté de la synthèse et de la totalité, donc hostile à la sociologie « occidentale » (c'est-à-dire française et anglaise) et à tout ce qui fait son « naturalisme », c'est-à-dire la recherche de lois mécaniques, la « quantification » et la « mathématisation ». Cette connaissance dont il déplore la froideur et l'incapacité d'accéder à l'essence (*Wesen*) de la réalité, surtout quand elle s'étend au territoire du *Geist*, et qu'il oppose à la sociologie « humaniste », c'est-à-dire allemande, est corrélative selon lui du développement des sciences de la nature et de la « désintégration » (*Zersetzung*) de la culture européenne, c'est-à-dire de la laïcisation, de l'urbanisation, du développement d'une conception technologique de la connaissance, de l'individualisme et de la disparition de la « communauté » traditionnelle. Comme on le voit, les synthèses pratiques de la perception sociale appréhendent la solidarité tout à fait organique de tout un ensemble de termes à première apparence dépourvus de lien. Et cette solidarité qui fait pressentir la présence de toute la constellation sémantique dans chacun de ses éléments explique des suspicions ou des dénonciations en apparence disproportionnées à leur objet, telles les mises en garde de Weber contre « les idoles dont le culte occupe avec ostentation (...) une place à tous les coins de rue et dans tous les périodiques », la « personnalité » et l'« *Erlebnis* »[43].

De même, les mots clés de l'œuvre de Jünger[44], *Gestalt, Typus, organische Konstruktion, total, Totalität, Ganzheit, Rangordnung, elementar, innen*, suffisent à le situer pour quiconque sait s'orienter dans ce champ : la totalité (*Gestalt, total, Totalität, Ganzheit*), c'est-à-dire ce qui ne peut pas être apprendé autrement que par intuition (*anschaulich*), qui est irréductible à la somme de ses parties (par opposition à « additif »), qui, à la limite, ne peut être divisé en parties mais

---

43. Cf. M. Weber, *Le savant et le politique*, op. cit., pp. 65-66.
44. E. Jünger, *Der Arbeiter*, in : *Werke*, op. cit., p. 296.

est composé de « membres » intégrés de manière signifiante dans une unité, s'oppose à des concepts immédiatement suspects de positivisme tels que somme, agrégat, mécanisme, analyse et même synthèse, accusé par Rheinhold Seeberg de suggérer l'idée de faits épars à recomposer. Bref, « tout », « total », « totalité », sont des mots qui n'ont pas besoin d'être définis autrement que par ce à quoi ils s'opposent. Le mot « total » (ou « global ») fonctionne à la fois comme un marqueur et comme une sorte d'exclamatif, qui fait tomber du bon côté les mots qu'il qualifie : c'est le cas lorsque les professeurs allemands disent vouloir former le caractère « global » des étudiants, lorsqu'ils déclarent préférer les intuitions « globales » aux techniques « purement » analytiques ou lorsqu'ils parlent de la nation « globale » (ou « totale »)[45]. Dans un lexique particulier, ici celui de Jünger, ces termes sont associés à d'autres mots *idéologiquement assortis* (*organische, Rangordnung, elementar, innen*, et tant d'autres). Chaque pensée se présente donc comme une constellation de mots et de thèmes qui sont liés par une cohérence purement sociologique, fondée sur le sens de l'orientation éthico-politique. Le sens des liaisons pratiques entre les positions et les prises de position, qui s'acquiert dans la fréquentation d'un champ et que les occupants de positions opposées ont au moins en commun, est aussi ce qui permet de « sentir » d'emblée (et cela de façon quasi explicite dans les moments de crise où l'idéologie professionnelle est sommée de s'énoncer et où l'apparence d'autonomie s'affaiblit) les connotations éthiques ou politiques des termes apparemment neutralisés des langages spéciaux, de repérer par exemple la coloration conservatrice de mots d'apparence aussi anodine que *Schauen, Wesensschau, Erleben, Erlebnis* (les Mouvements de jeunes parlaient beaucoup de *Bunderlebnis*, sorte de *Mitsein* mystique) ou d'apercevoir les liens cachés entre mécanisme ou positivisme et technique ou égalitarisme, ou encore entre utilitarisme et démocratie[46].

---

45. Cf. F. Ringer, *op. cit.*, p. 394.
46. Le sens du jeu est inséparablement, un sens « théorique » qui permet de s'orienter dans l'espace des concepts et un sens social qui permet de s'orienter dans l'espace social des agents et des institutions — à l'intérieur duquel se définissent les trajectoires. Les concepts ou les théories sont toujours portés par des agents ou des institutions, maîtres, écoles, disciplines, etc., donc insérés dans des rapports sociaux. Il s'ensuit que les révolutions conceptuelles sont indissociables de révolutions de la structure du champ et que les frontières entre les disciplines ou les écoles font partie des principaux obstacles à l'hybridation qui, en plus d'un cas, est la condition du progrès scientifique.

Aucun des idéologues ne mobilise la totalité des schèmes disponibles, qui n'ont jamais, de ce fait, la même fonction ni le même poids dans les différents « systèmes » où ils s'insèrent. Chacun d'eux peut ainsi produire, à partir de la combinaison particulière de schèmes communs qu'il mobilise, un discours qui est parfaitement irréductible aux autres, bien qu'il ne soit qu'une forme transformée de tous les autres. L'idéologie doit une part de sa force au fait qu'elle ne se réalise que dans et par l'orchestration des habitus générateurs : ces systèmes de dispositions singuliers mais objectivement accordés assurent l'unité dans et par la diversité kaléidoscopique de leurs produits, simples variantes des autres variantes, qui forment un cercle dont le centre est partout et nulle part.

Bourgeois évincés par la noblesse des postes prestigieux de l'administration de l'Etat ou petits-bourgeois frustrés dans les aspirations engendrées par leur réussite scolaire, les « révolutionnaires conservateurs »[47] trouvent dans la « renaissance spirituelle » et la « révolution allemande » comme « révolution de l'âme » la solution mythique de leurs attentes contradictoires : « la révolution spirituelle » qui « réanimerait » la nation sans en révolutionner la structure est ce qui permet à ces déclassés actuels ou potentiels de concilier leur désir de maintenir une position privilégiée dans l'ordre social et leur révolte contre l'ordre qui leur refuse cette position, en même temps que leur hostilité contre la bourgeoisie qui les exclut et leur répulsion pour la révolution socialiste qui menace toutes les valeurs par lesquelles ils entendent se distinguer du prolétariat. L'aspiration régressive à la réintégration rassurante dans la totalité organique d'une société agraire (ou féodale) autarcique n'est que l'envers d'une peur haineuse de tout ce qui, dans le présent, annonce un avenir menaçant, le capitalisme comme le marxisme, le matérialisme capitaliste des bourgeois comme le rationalisme sans dieu des socialistes. Mais les « révolutionnaires conservateurs » donnent une respectabilité intellectuelle à leur mouvement en habillant leurs idées régressives d'un langage parfois emprunté

---

47. L'expression a été forgée en 1927 par Hugo von Hoffmannsthal pour nommer un ensemble de gens qui se désignent eux-mêmes comme « néo-conservateurs », « jeunes conservateurs », « socialistes allemands », « socialistes conservateurs », « nationaux révolutionnaires » et « nationaux bolcheviques ». On a coutume de ranger dans cette catégorie Spengler, Jünger, Otto Strasser, Niekisch, Edgar J. Jung, etc.

au marxisme et aux progressistes et en prêchant le chauvinisme et la réaction dans le langage des humanistes. Cela ne peut que renforcer l'ambiguïté structurale de leur discours et la séduction qu'il exerce jusque dans le milieu universitaire.

L'ambiguïté qui caractérise toute l'idéologie *völkisch* ou « révolutionnaire conservatrice » est ce qui fait par exemple que des penseurs comme Lagarde peuvent séduire des universitaires libéraux qui, comme Ernst Troeltsch, reconnaissent le grand idéalisme allemand dans sa vision esthético-héroïque des hommes et des nations, dans sa foi pseudo-religieuse en l'irrationnel, le surnaturel et le divin, dans sa glorification du « Génie », dans son mépris pour l'homme politique et économique, *pour l'homme ordinaire de l'existence ordinaire* et pour la culture politique qui s'adapte à ses désirs, dans sa répulsion envers la modernité (cf. F. Stern, *op. cit.*, spécialement pp. 82-94). Le philosophe Franz Böhm voit en Lagarde le principal défenseur de l'esprit allemand contre le rationalisme et l'optimisme cartésiens (cf. F. Böhm, *Anti-Cartesianismus, Deutsche Philosophie im Widerstand*, Leipzig, 1938, pp. 274 sq., cité par F. Stern, *op. cit.*, p. 93 n.). Bref, si comme le remarque Mosse, les ouvriers ignoraient le message révolutionnaire conservateur, la bourgeoisie cultivée en était imprégnée [48]. Et la situation de crise dans laquelle se trouvaient les universitaires a sans doute contribué à affaiblir les résistances ordinairement associées au mépris statutaire pour les essayistes.

Ainsi, bien que les historiens professionnels se soient montrés réservés sur les méthodes de Spengler, les plus conservateurs d'entre eux au moins ne manquèrent pas de saluer la véhémence de ses conclusions. Sachant l'hostilité structurale de l'universitaire à l'égard des « vulgarisateurs », on imagine ce que devait être la connivence idéologique pour que Eduard Meyer, le plus fameux des historiens de l'Antiquité de ce temps, pût écrire : « Spengler a brillamment décrit ces éléments de désintégration interne (*Zersetzung*) dans les chapitres (du

---

48. Le discours *völkisch*, en tant qu'élitisme non aristocratique qui n'exclut pas les petits-bourgeois obsédés par la sauvegarde de leur statut et *soucieux de se distinguer des ouvriers* en particulier sur les questions *culturelles*, a pu s'étendre vers les *employés* et gagner le plus important de leurs syndicats, la DHV, qui apporte un soutien financier important et favorise l'édition et la diffusion des écrivains *völkisch* (cf. G.L. Mosse, *op. cit.*, p. 259), contribuant par là à « romantiser la vue que les employés avaient d'eux-mêmes » et à encourager la nostalgie d'un retour au passé artisanal (p. 260).

Déclin de l'Occident) consacrés à la critique des points de vue actuellement dominants, dans les chapitres sur l'Etat et la politique, sur la démocratie et le gouvernement parlementaire et ses ignobles machinations, sur la presse toute-puissante, sur la nature de la grande métropole, la vie économique, l'argent et les machines [49]. » On sait que Spengler s'est attiré auprès des universitaires les plus éminents une réputation de penseur qui survit encore (comme en témoigne par exemple l'hommage appuyé que, dans le compte rendu de mon étude, *Die politische Ontologie Martin Heideggers*, Hans-Georg Gadamer rend à « l'imagination hors du commun et à l'énergie synthétique de Spengler le solitaire »)[50]. Quant à Heidegger, qui reprend nombre de thèmes spengleriens, mais en les euphémisant (les chiens et les ânes du fragment 97 d'Héraclite, commenté, avec d'autres, dans l'*Introduction à la métaphysique*, tenant la place du lion et de la vache de Spengler), on sait qu'il a dit à plusieurs reprises l'importance qu'il accordait à la pensée de Jünger. Dans un essai dédié à Jünger, avec qui il a entretenu des relations et une correspondance suivies, Heidegger écrit : « Au cours de l'hiver 1939-1940, j'expliquai *Der Arbeiter* devant un petit cercle de professeurs d'université. On s'étonna de ce qu'un livre aussi clairvoyant ait paru depuis déjà des années sans qu'on en ait encore compris la leçon, c'est-à-dire sans qu'on ait osé faire l'essai suivant : laisser le regard que l'on porte sur le présent se mouvoir librement dans l'optique de *Der Arbeiter* et penser planétairement » (M. Heidegger, « Contribution à la question de l'Etre », in *Questions I*, Paris, Gallimard, 1968, p. 205)[51].

L'ambiguïté structurale d'une pensée qui, étant le produit d'un double refus, aboutit logiquement à la notion *auto-destructive* de « révolution conservatrice » est inscrite dans la structure génératrice qui est à son principe, c'est-à-dire dans l'effort désespéré pour dépasser par une sorte de fuite en avant, héroïque ou mystique, un ensemble d'oppositions indépassa-

---

49. Cité par F. Ringer, *op. cit.*, p. 223.
50. Cf. H.G. Gadamer, C.R. de P. Bourdieu, *Die politische Ontologie Martin Heideggers*, Francfort, Syndikat, 1975, *Philosophische Rundschau*, n⁰ˢ 1-2, 1979, pp. 143-149.
51. Il est significatif qu'il ait fallu la polémique autour du nazisme de Heidegger pour que tel des spécialistes — et, bien sûr, dans un souci apologétique — entreprenne de lire ce livre qui enferme tant de la vérité de Heidegger (cf. J.-M. Palmier, *Les écrits politiques de Heidegger*, Paris, Ed. de L'Herne, 1968, pp. 165-293).

bles : ce n'est pas par hasard que le livre où Möller van den Bruck, un des prophètes du « conservatisme révolutionnaire », prêchait la réunion mystique de l'idéal du passé germanique et de l'idéal du futur allemand, le rejet de l'économie et de la société bourgeoises et le retour au corporatisme, s'appela d'abord la « Troisième Voie », puis *Le Troisième Reich*. La stratégie de la « troisième voie », qui exprime dans l'ordre idéologique la position objective de ces auteurs dans la structure sociale, engendre, en s'appliquant à des champs différents, des discours homologues. Spengler livre en toute clarté cette structure génératrice : s'interrogeant sur la nature de la technique, il oppose deux classes de réponses, la première, celle des « idéalistes et des idéologues, épigones attardés du classicisme du temps de Goethe », qui tiennent la technique pour « inférieure » à la « culture » et qui font de l'art et de la littérature la valeur des valeurs, la seconde, celle du « matérialisme, ce produit essentiellement anglais, engouement des primaires de la première moitié du XIXe siècle, de la philosophie du journalisme libéral, des réunions de masse et des écrivains marxistes et socio-éthiques qui se prenaient pour des penseurs et des oracles »[52]. Le champ des oppositions spécifiques par rapport auquel se constitue la problématique spenglérienne de la technique est tout à fait homologue de celui qui oriente ses options politiques, à savoir l'opposition entre le libéralisme et le socialisme qu'il « dépasse » par une série de paradoxes très heideggériens : « Le marxisme, dit-il quelque part, est le capitalisme des travailleurs » ; ou bien, par une stratégie qui lui est commune avec Niekisch et quelques autres, il identifie les vertus prussiennes d'autoritarisme, de subordination et de solidarité nationale à celles que demande le socialisme ; ou encore, il pose, comme Jünger, que tout le monde — de l'entrepreneur au manœuvre — est un travailleur.

C'est aussi autour d'une stratégie de troisième voie, destinée à dépasser un couple d'opposés, le capitalisme et le socialisme, que s'organise la pensée de Sombart : le socialisme marxiste est à la fois trop révolutionnaire et trop conservateur en ce qu'il ne s'oppose pas au développement de l'industrie et aux valeurs de la société industrielle ; dans la mesure où il rejette la forme, mais non l'essence, de la civilisation moderne, il représente une

---

52. O. Spengler, *L'homme et la technique*, op. cit., pp. 35-36.

espèce corrompue du socialisme[53]. Tel est le centre de cette sorte de radicalisme dévoyé : associant la haine la plus brutale de l'industrie et de la technique, l'élitisme le plus intransigeant et le mépris des masses le plus cru, il veut substituer la « vraie religion » à la théorie de la lutte des classes qui, réduisant l'homme au niveau d'un pourceau (*Schweinehund*), menace l'âme des masses et fait obstacle au développement d'une vie sociale harmonieuse[54]. Niekisch, principal représentant du « national-bolchevisme » arrive à des positions semblables à celles de Spengler, à partir de stratégies à peu près opposées puisqu'il compte sur le nationalisme, le militarisme et le culte de l'héroïsme pour entraîner les classes moyennes dans la révolution : identifiant la classe à une nation, Niekisch fait du travailleur allemand un « soldat de l'Etat » qui doit montrer toutes les grandes vertus prussiennes, obéissance, discipline, esprit de sacrifice, etc.

C'est dans une logique très voisine que se situe *Der Arbeiter* d'Ernst Jünger qui, quoique lié à Niekisch (il écrit dans son journal *Widerstand*), est le porte-parole intellectuel des révolutionnaires conservateurs dont il professe les thèses racistes[55]. Il s'agit de dépasser l'alternative, dont Sombart a fourni la formulation archétypale, de la démocratie et du socialisme : d'un côté la démocratie libérale, identifiée à l'individualisme et à l'anarchie intérieure et extérieure, en tant que règne du bourgeois

---

[53]. Le racisme déclaré (un des traits communs à tous ces penseurs) conduit Sombart à mettre « l'esprit juif » à la racine du marxisme : cette association de la pensée critique et du marxisme, qui fera dire à Hans Naumann que « la sociologie est une science juive », sous-tend tous les usages proprement nazis du concept de nihilisme.

[54]. Cf. H. Lebovics, *Social Conservatism and the Middle Classes in Germany, 1914-1933*, Princeton, Princeton University Press, 1969, pp. 49-78. Cette présentation sommaire de l'œuvre de Sombart ne doit pas faire oublier que celle-ci doit une part importante de ses propriétés – ici ignorées – au fait qu'elle est insérée dans le champ de l'économie. La même chose serait vraie de la pensée d'Othmar Spann (analysée dans le même ouvrage, pp. 109-138) : se fondant sur l'affirmation du primat du tout (*Ganzheit*), qui implique la condamnation de l'individualisme et de l'égalitarisme et de tous les porte-parole maudits de tous les courants de pensée stigmatisés, Locke, Hume, Voltaire, Rousseau, Ricardo, Marx, Darwin, Freud, il propose une véritable ontologie politique ultra-conservatrice qui fait correspondre aux différentes classes d'hommes des classes de connaissance, la pluralité des formes de connaissance découlant (sous couvert de Platon) d'une sociologie de l'Etat.

[55]. J. Habermas cite (sans indication de source) plusieurs déclarations racistes de Ernst Jünger (cf. J. Habermas, *Profils philosophiques et politiques*, Paris, Gallimard, 1974, pp. 53 et 55).

« qui n'a pas de relation avec la totalité » et qui fait de la sécurité la valeur suprême ; de l'autre, le socialisme, incapable de réaliser un ordre nouveau, en tant que produit du transfert des modèles bourgeois sur le mouvement ouvrier, c'est-à-dire la « masse », forme sociale « dans laquelle se pense l'individu ». Cet antagonisme ne peut être transcendé que par l'instauration d'un ordre fondé sur le « plan du travail », grâce auquel le « type du Travailleur » (*der Arbeiter*) domine la technique par sa technicité supérieure.

Le « type du Travailleur », dépassement du bourgeois et du prolétaire, « en qui seront vaincues les valeurs individuelles et aussi les valeurs des masses », comme dira Rauschnigg, n'a rien à voir avec l'ouvrier réel, dépeint avec toutes les couleurs du racisme de classe ; son règne s'exerce sur la « construction organique » qui n'a rien de commun avec la « masse » « mécanique ». Il est à peu près impossible de donner un compte rendu analytique de cette mythologie brumeuse qui, orientée selon le schème de la « révolution conservatrice », réalise la *conciliatio oppositorum*, permettant ainsi de tout avoir à la fois, la discipline prussienne et le mérite individuel, l'autoritarisme et le populisme, le machinisme et l'héroïsme chevaleresque, la division du travail et la totalité organique. Le Travailleur, sorte de héros moderne, affronté à « l'espace du travail » où « l'exigence de liberté surgit en tant qu'exigence de travailler » et où « la liberté a quelque chose d'existentiel », est en contact immédiat avec le « primitif » (au sens d'« originaire ») et, à ce titre, il peut accéder à une « vie unitaire » ; il n'est pas corrompu par la culture ; il est placé dans des conditions d'existence qui, comme le champ de bataille, mettent en question l'individu et la masse, et aussi le « rang » social ; il est celui qui mobilise la technique, moyen neutre. Tout cela le prédispose à imposer un nouvel ordre social, de type militaire, forme tristement prussienne de la technocratie héroïque dont rêvaient Marinetti et les futuristes italiens : « Dans le concept prussien du devoir se fait l'orientation de l'élémentaire, comme on a pu le voir dans le rythme des marches militaires, dans la peine de mort contre les héritiers de la couronne, dans les batailles superbes qui ont été gagnées grâce à une aristocratie fermée et des soldats dressés. Le seul héritier possible de l'esprit prussien est le Travailleur, qui n'exclut pas l'"élémentaire", mais qui l'inclut ; il est passé par l'école de l'anarchie, par la destruction de tous les liens traditionnels ; ainsi, il est forcé d'exécuter sa volonté de liberté dans une nouvelle époque, dans un nouvel espace et par une nouvelle aristocratie [56]. » En définitive, la solution ici consiste à guérir le mal par le mal, à chercher dans la technique et dans ce produit pur de la technique, le Travailleur, réconcilié avec lui-même dans l'Etat totalitaire, le principe de la domination de la technique [57]. « D'une part, l'espace technique total rendra possible la domination totale, d'autre part, seule une telle domination disposera totalement de la technique [58]. » La solution de l'antinomie est obtenue par le passage à la limite : comme dans la pensée mystique, la tension poussée à l'extrême se résout par un renversement complet du pour au contre. C'est la même logique magique de la réunion des contraires qui, dans cette frange extrémiste des révolutionnaires conservateurs, conduit à la pensée du Führer, limite de ce qu'il est censé dépasser, en tant que réunion du culte du héros et d'un mouvement de masse. On pense à ce poème de Stephan George (autre maître spirituel de Heidegger), *Algabal* : symbole du renouveau dans et par l'Apocalypse, Algabal est un chef nihiliste à la fois cruel et tendre, qui vit dans des palais artificiels et qui, par ennui, commet des actes de grande cruauté propres à apporter le renouveau par leur efficacité cataclysmique [59]. Selon une logique analogue, le populisme fantastique de Jünger, dénégation phantasmatique du marxisme, réconcilie le culte du peuple (*Volk*) avec la haine aristocratique de la « masse », transfigurée par la mobilisation dans l'unité organique ; il dépasse l'horreur de la monotonie anonyme et de l'uniformité vide qui se lit sur le visage de l'ouvrier [60] dans cette réalisation parfaite de l'uniformité vide qu'est l'embrigadement militaire : libérer le Travailleur de

---

56. E. Jünger, *Der Arbeiter*, in : *Werke, op. cit.*, p. 66.
57. On pense ici encore à la scène finale de *Metropolis* où le fils du patron, rebelle idéaliste, tout de blanc vêtu, joint les mains du contremaître à celles du patron, tandis que Maria (le cœur) murmure : « Il ne peut y avoir de compréhension entre les mains et le cerveau si le cœur n'agit pas comme médiateur » (cf. Fritz Lang, *Metropolis*, Classic Film Scripts, Londres, Lorrimer publishing, 1973, p. 130).
58. E. Jünger, *Der Arbeiter*, in : *Werke, op. cit.*, p. 173.
59. Cf. H. Lebovics, *op. cit.*, p. 84.
60. « La première impression de l'homme du type évoque est celle d'un certain vide et de l'uniformité. C'est la même uniformité qui rend difficile la distinction des individus au sein d'espèces animales et humaines étrangères. Ce qu'on remarque d'abord d'un point de vue purement physiologique, c'est la rigidité du visage qui a la forme d'un masque, acquise et soulignée par des moyens extérieurs tels que l'absence de barbe, la coupe particulière des cheveux et le port de casquettes serrées » (E. Jünger, *Der Arbeiter*, in : *Werke, op. cit.*, p. 117).

l'« aliénation » (au sens de la *Jugendbewegung*), c'est le libérer de la liberté en l'aliénant dans le Führer[61].

On comprend mieux ce que veut dire Heidegger lorsqu'il écrit à Jünger que « la "question de la technique" est redevable à *Der Arbeiter* d'un soutien qui s'exerça tout au long de [son] travail »[62]. L'accord idéologique, sur ce point, est entier, comme en témoigne cet extrait du discours prononcé par Heidegger, au temps de son rectorat, le 30 octobre 1933 : « Le savoir et la possession de ce savoir, au sens où le national-socialisme comprend ce mot, *ne sépare pas en classes*, mais au contraire unit et lie les membres de la patrie et les états dans l'unique et grand vouloir de l'Etat. Ainsi les mots de "Savoir" et de "Science", "*Travailleur*" et "*Travail*", ont reçu un *autre sens* et un *nouveau son*. Le "Travailleur" *n'est pas, comme le voulait le marxisme*, le seul objet de l'exploitation. L'état de travailleur (*Der Arbeiterstand*) n'est pas la classe des déshérités (*Die Klasse der Enterbten*), qui prennent en charge la lutte générale des classes[63]. » Au-delà de cette rencontre, quasi littérale, sur un point central de la « philosophie politique » développée dans *Der Arbeiter*, c'est le centre même de l'ontologie heideggérienne, sa vision de l'être et du temps, de la liberté et du néant qui se trouve exprimée, ou du moins suggérée, dans le pathos métaphysico-politique de *Der Arbeiter*, c'est-à-dire sous une forme qui en laisse transparaître le fondement proprement politique. C'est le mouvement même de la démarche jüngerienne que reprend Heidegger lorsqu'il affirme que c'est dans l'« extrême danger » que se manifeste, « contrairement à toute attente », le fait que « l'être de la technique recèle la possibilité que ce qui sauve se lève à notre horizon », ou encore, selon la

---

61. On pense à cette anecdote rapportée par Ernst Cassirer : « A un épicier allemand qui voulait bien parler à un visiteur américain, je disais notre sentiment que quelque chose d'irremplaçable avait été perdu quand la liberté avait été abandonnée. Il répondit: "Vous ne comprenez pas du tout. Avant nous avions à nous faire du souci à propos des élections, des partis, du vote. Nous avions des responsabilités. Maintenant, nous n'avons rien de tout ça. Maintenant nous sommes libres" » (S. Raushenbush, *The March of Fascism*, New Haven, Yale University Press, 1939, p. 40, cité par E. Cassirer, *The Myth of the State*, New Haven, Yale University Press, 1946, p. 362, n. 4).

62. M. Heidegger, « Contribution à la question de l'être », *Questions I*, Paris, Gallimard, 1968, p. 206.

63. M. Heidegger, Discours du 30 octobre 1933, cité par J.-M. Palmier, *op. cit.*, p. 123 ; souligné par moi.

même logique, que c'est la réalisation de l'essence de la métaphysique dans l'essence de la technique, achèvement ultime de la métaphysique de la volonté de puissance, qui donne accès au dépassement de la métaphysique [64]. Le nihilisme jungérien, qui se vit comme une révolte contre la décadence européenne, entend substituer l'action à la contemplation et privilégier la résolution du choix par rapport au but choisi, et, à la limite, le vouloir de vouloir, selon le mot de Heidegger, par rapport à la volonté de puissance. L'esthétisme guerrier de Jünger s'inspire fondamentalement de la haine de la faiblesse, de l'irrésolution, de l'incertitude auto-destructive de la raison raisonnante et aussi de la distance entre les mots et la réalité sensible et sensuelle. Et, s'il exprime son nihilisme anti-rationaliste et les forces sociales qui ont conduit à l'avènement du national-socialisme de manière plus crue et plus brutale, donc plus claire, que le savant professeur de philosophie allemand, il rejoint l'auteur de l'*Etre et le temps* dans cette sorte de parti pris du risque, du danger, qui impose de se situer à ce point dans la destruction où la liberté devient perceptible, d'affirmer sa responsabilité en éprouvant la violence élémentaire de l'ici et maintenant : « Ici, l'anarchie est la pierre de touche de l'indestructible, qui s'éprouve avec plaisir contre l'annihilation. » C'est en jouant avec le néant, comme on joue avec le feu, que l'on se prouve et que l'on éprouve sa liberté. Le développement historique n'est qu'une sorte de vide dynamique, un néant en mouvement, un mouvement du rien vers le rien ; situé « au-delà des valeurs », il « ne possède pas de qualité ». Il s'agit de « passer au-delà du point où le néant (*das Nichts*) semble plus désirable que tout ce qui recèle la moindre possibilité de doute » et de rejoindre ainsi « une communauté d'âmes plus primitives, une "race originaire", qui n'a pas encore émergé en tant que sujet d'une tâche historique et est donc disponible pour de nouvelles missions » [65]. Le nationalisme, l'exaltation de la race allemande et de ses ambitions impérialistes, peuvent parler le langage politique ou semi-politique de la résolution et de la maîtrise, du commandement et de l'obéissance, de la volonté, du sang, de la mort et de l'annihilation comme

---

64. M. Heidegger, « La question de la technique », *Essais et conférences, op. cit.*, pp. 44-47.
65. E. Jünger, *Der Arbeiter, in : Werke, op. cit.*, pp. 63-66, 90-91.

modalités de la mobilisation totale ; ils peuvent aussi parler, comme chez Heidegger, le langage métaphysique ou quasi métaphysique de la volonté de puissance comme volonté de vouloir, comme affirmation d'une volonté mise au service non de fins mais du dépassement du soi, ou encore le langage de l'affrontement résolu avec la mort comme expérience authentique de la liberté.

Chez Jünger, les phantasmes et les slogans du nihilisme politique affleurent sous le langage nietzschéen ; chez Heidegger, le nihilisme politique, et la tradition nietzschéenne elle-même, sans parler de la vulgate « révolutionnaire conservatrice » des Jünger ou Spengler, doivent se plier aux exigences de la méditation ontologique du lecteur des présocratiques, d'Aristote et des théologiens chrétiens, en sorte que la quête solitaire du penseur authentique semble n'avoir rien en commun avec l'aventurisme théorique du guerrier revenu de tout. La frontière est celle qui sépare le profane et le professionnel, qui sait ce que parler veut dire, parce qu'il connaît, au moins sur le mode pratique, l'espace dans lequel son discours va se trouver jeté, c'est-à-dire *le champ des prises de position compossibles* par rapport auxquelles sa propre position va se trouver définie négativement, différentiellement. C'est la connaissance de cet espace des possibles qui permet de « prévoir les objections », c'est-à-dire d'anticiper la signification et la valeur qui, étant donné les taxinomies en vigueur, seront attachées à une prise de position déterminée et de démentir par avance les lectures refusées : le « sens philosophique » s'identifie à la maîtrise pratique ou consciente des signes conventionnels qui balisent l'espace philosophique, permettant au professionnel de *se démarquer* par rapport aux positions déjà marquées, de *se défendre* de tout ce qui lui sera selon toute vraisemblance imputé (« Heidegger se défend de tout pessimisme »), bref, d'affirmer *sa différence* dans et par une forme parée de tous les signes propres à la faire *reconnaître*. Une pensée socialement reconnue comme philosophique est une pensée qui implique la référence au champ des prises de position philosophiques et la maîtrise, plus ou moins consciente, de la vérité de la position qu'elle occupe dans ce champ. En cela, le philosophe professionnel s'oppose au « philosophe naïf » qui, comme le peintre « naïf » dans son univers, ne sait pas à proprement parler ce qu'il dit ni ce qu'il fait. Ignorant l'histoire spécifique dont le champ philosophique est l'aboutissement et qui se trouve inscrite dans les positions socialement instituées et dans la problématique spécifique, comme espace des prises de position possibles pour les occupants des différentes positions, l'amateur livre une pensée brute, vouée à servir de matière première, comme *Der Arbeiter* pour Heidegger, aux méditations conscientes d'elles-mêmes du vrai professionnel, capable de constituer comme tel le *problème* auquel le profane répond sans le savoir. Il arrive même qu'il ignore si complètement la loi fondamentale du jeu qu'il devient l'objet ou le jouet de la pensée des professionnels. Ainsi, lorsque G.E. Moore se rend coupable de cette sorte d'anachronisme consistant à prendre au sérieux le scepticisme et à traiter de ce problème comme si Kant (et la distinction entre le transcendantal et l'empirique) n'avait pas existé, donc à suspendre cette sorte de mise en suspens de la croyance ordinaire qui définit la croyance proprement philosophique, il s'expose au verdict le plus terrible que les philosophes pourtant enclins à célébrer la naïveté savante des retours à l'originaire puisse énoncer : « Moore est naïf, alors que Sextus était simplement innocent[66]. » (C'est, soit dit en passant, la stratégie que les philosophes emploieront spontanément contre toute mise en question venant du « sens commun » ou contre l'objectivation scientifique des présupposés inhérents à l'appartenance au champ philosophique, à l'*illusio* proprement philosophique comme posture et espace mental appropriés à cet espace social.)

On peut supposer qu'un philosophe aussi maître de son métier que Heidegger sait ce qu'il fait lorsqu'il choisit Jünger comme objet de réflexion (surtout collective et publique) : Jünger pose les seules questions (politiques) auxquelles Heidegger ait accepté de répondre, les seules questions (politiques) qu'il ait *faites siennes*, au prix d'un travail de *retraduction*, qui permet de voir à l'œuvre le mode de pensée philosophique. Le transfert qu'il opère d'un espace mental (et social) à un autre suppose une coupure radicale, comparable

---

66. M.F. Burnyeat, « The Sceptic in his place and time », in R. Rorty, J.B. Schneewind and Q. Skinner (eds), *Philosophy in History*, Cambridge, Cambridge University Press, 1984, p. 251.

à ce que, à propos d'un autre champ, on a appelé « coupure » ou « rupture épistémologique ». La frontière entre la politique et la philosophie est un véritable seuil ontologique : les notions relevant de l'expérience pratique et quotidienne, et les mots, souvent les mêmes, qui les désignent, subissent une transformation radicale qui les rend méconnaissables aux yeux de ceux qui ont accepté de faire le bond magique dans un autre univers. Ainsi, Jean-Michel Palmier exprime sans doute l'opinion commune des commentateurs lorsqu'il écrit : « Il est difficile de ne pas être surpris par l'importance que Heidegger a accordé à ce livre (*Der Arbeiter*) [67]. » L'alchimie philosophique (comme l'alchimie mathématique lorsqu'elle transforme une vitesse en dérivée ou une aire en intégrale, ou l'alchimie juridique lorsqu'elle transmue une querelle ou un conflit en procès) est une *metabasis eis allo genos*, un passage à un autre ordre, au sens de Pascal, qui est inséparable d'une *metanoïa*, un changement d'espace social qui suppose un changement d'espace mental.

Ainsi s'explique que le philosophe, qui fait profession de poser des questions, notamment les questions que l'expérience doxique du monde quotidien exclut par définition, ne réponde jamais directement aux questions « naïves », c'est-à-dire non pertinentes ou impertinentes à ses yeux, celles par exemple que le sens commun se pose à propos de ses questions (sur l'existence du monde extérieur, sur l'existence d'autrui, etc.) et surtout celles que le sociologue souhaiterait lui poser, à partir de son propre espace, social et mental, comme les questions dites « politiques », c'est-à-dire *ouvertement*, donc « naïvement », politiques. Il ne peut répondre qu'à des questions philosophiques, c'est-à-dire aux questions qui lui sont posées ou qu'il se pose dans le seul langage pertinent, le langage philosophique, et auxquelles il ne peut (en fait et en droit) répondre qu'après les avoir reformulées dans son idiolecte philosophique. On aurait tort de lire ces notations comme des aphorismes de moraliste animé d'une humeur critique. Cette position distante s'impose de façon très générale comme la seule possible à quiconque entend être accepté dans un univers savant, c'est-à-dire y être reconnu comme participant légitime et, à plus forte

---

67. J.-M. Palmier, *op. cit.*, p. 196.

raison, y réussir; elle apparaît comme allant de soi à quiconque est doté de l'habitus conforme, c'est-à-dire d'avance ajusté à la nécessité structurale du champ et prêt à accepter, souvent sans les connaître, les présupposés objectivement impliqués dans la loi fondamentale du champ.

Bref, on ne doit pas attendre du philosophe qu'il parle crûment le langage cru de la politique et il faut lire entre les lignes le commentaire du texte de Jünger : « *Der Arbeiter* appartient à la phase du "nihilisme actif" (Nietzsche). L'action de cet ouvrage consistait — et consiste encore sous une forme modifiée de sa fonction — en ce qu'il rend visible le total caractère de travail de tout réel à partir de la figure du travailleur. » Et, deux pages plus loin : « Cependant, l'optique et l'horizon qui guident la description ne sont plus, ou pas encore, déterminés comme autrefois. Car vous ne prenez plus part maintenant à cette action du nihilisme actif qui déjà, dans *Der Arbeiter*, et conformément à la signification nietzschéenne, est pensée dans le sens d'un dépassement. Cependant "ne plus prendre part" ne veut nullement dire déjà "se tenir en dehors" du nihilisme, et cela d'autant moins que l'essence du nihilisme n'est rien de nihiliste et que l'Histoire de cette essence reste quelque chose de plus ancien et de plus jeune que les phases "historiquement" déterminables des différentes formes du nihilisme. » Ce qui se donne à entendre, à travers tous les sous-entendus, c'est que le problème du totalitarisme, de l'Etat totalitaire qui parvient à imposer, par l'intermédiaire de la technique, sa domination sur l'existence entière, se pose toujours, lors même que c'en est fini historiquement de cette forme historique particulière de nihilisme. On comprend mieux la suite : « Il n'y a pas aujourd'hui d'esprit pénétrant qui voudrait nier que le nihilisme, sous les formes les plus diverses et les plus cachées, soit "l'état normal" de l'humanité. La meilleure preuve en sont les tentatives exclusivement réactionnaires qui sont faites contre le nihilisme et qui, au lieu de se laisser conduire à un dialogue avec son essence, travaillent à la restauration du bon vieux temps. C'est chercher son salut dans la fuite, en ce sens que l'on fuit devant ce que l'on ne veut pas voir : la problématicité de la position métaphysique de l'homme. La même attitude de fuite a envahi jusqu'aux lieux où, en apparence, on renonce à la métaphysique pour la remplacer par la logique, la sociologie et la psychologie [68]. » Là encore on peut lire que l'Etat totalitaire et la science moderne constituent des « conséquences nécessaires du déploiement essentiel de la technique » et que — c'est pousser un peu loin le renversement — la seule vraie pensée non réactionnaire est celle qui s'affronte au nazisme pour en penser l'essence avec « résolution » au lieu de la fuir. C'était aussi le sens de la fameuse phrase de l'*Introduction à la métaphysique*, cours professé en 1935 et publié sans modification en 1953, sur « l'intime vérité et grandeur » du national-socialisme, « c'est-à-dire de la rencontre entre la technique déterminée à un niveau planétaire et l'homme moderne »[69]. La ligne est claire qui va de l'aristocratisme dénié de *Sein und Zeit* à la récupération philosophique du nazisme, qui se trouve en quelque sorte banalisé en tant que manifestation paroxystique d'un état du développement de l'essence de la technique. Jünger est bien placé pour entendre à demi-mots cette sorte de réévaluation sans reniement d'une trajectoire qu'il a à peu près en commun avec Heidegger, jusque dans l'incapacité à assumer résolument la responsabilité des conséquences de l'appel à la responsabilité[70]. Le nihilisme nazi, tentative héroïque pour dépasser, par un passage à la limite jungérien, le nihilisme dont il représente la forme extrême, constitue l'ultime affirmation de la différence ontologique : il ne reste qu'à affronter avec résolution cette séparation, dualité indépassable entre l'Etre et les étants dont il est à jamais séparé. La philosophie héroïque du mépris de la mort opposée à la fuite dans l'assistance doit céder la place à une philosophie, non moins héroïque, de l'affrontement résolu de cette distance absolue. Le refus de toute transcendance métaphysique, stade suprême de la volonté de vouloir, ultime effort pour ignorer l'absence de l'Etre (que Heidegger décèle et condamne dans les derniers écrits de Jünger, notamment *Über die Linie*), conduit à la *Gelassenheit* mystique, à l'attente d'une révélation anti-nihiliste de l'Etre.

---

68. M. Heidegger, « Contribution à la question de l'être », *Questions I, op. cit.*, pp. 204-206, 208.
69. M. Heidegger, *Introduction à la métaphysique*, Paris, Gallimard, 1967, pp. 201-202.
70. S. Rosen, *op. cit.*, pp. 114-119. (1987 : Et il est remarquable que l'on trouve dans le plus authentiquement ontologique des textes philosophiques ce refus rusé de renier le nazisme dont Victor Farias a découvert depuis lors des manifestations plus matérielles, comme le versement prolongé de cotisations.)

On retrouve ainsi à la fin, quand la troisième voie (au sens de Möller van den Bruck) du dépassement héroïque s'est définitivement fermée, l'impuissance désespérée (celle de l'intellectuel, placé en position de dominant-dominé dans la structure sociale) qui était au principe. Quand c'en est fini de la pensée puissante et de l'encouragement actif au nihilisme actif de la mobilisation totale comme purification spirituelle, il reste la pensée de l'impuissance, le *nihilisme passif* qui maintient une différence tout aussi radicale entre le penseur parvenu au détachement et tous ceux, puissants ou non, qui s'abandonnent à l'oubli de l'Etre.

chapitre 2
le champ philosophique
et l'espace des possibles

Mais Heidegger ne s'adresse pas seulement à Jünger. Son discours se définit, subjectivement et objectivement, par rapport à deux espaces sociaux et mentaux différents, l'espace de l'essayisme politique et l'espace proprement philosophique. Même dans un discours sur la technique dont Jünger est le dédicataire, donc le destinataire apparent, il vise, en quelque sorte « par-dessus sa tête », de tout autres interlocuteurs (comme en témoigne notamment le titre qu'il donnera, lors de sa publication, à ce texte apparemment exotérique sur la technique : « Contribution à la question de l'Etre »). Penseur philosophiquement subversif, Heidegger connaît et reconnaît assez les enjeux légitimes du champ philosophique (ses références explicites aux auteurs canoniques, contemporains ou passés, suffisent à en témoigner) et il respecte assez profondément la coupure absolue que l'ethos académique établit entre la culture et la politique [1] pour soumettre ses phantasmes sociaux et ses dispositions éthiques ou politiques, sans même avoir à le vouloir, à une restructuration propre à les rendre *méconnaissables* [2].

Contemporain de Spengler et de Jünger dans le temps exotérique de la politique, Heidegger est le contemporain de Cassirer et de Husserl dans l'histoire autonome du champ philosophique. Si, comme on vient de le voir, il *est situé* en un

---

1. On a souvent évoqué, depuis les *Unzeitgemässe Betrachtungen* de Nietzsche qui en fait le procès, l'apolitisme militant qui est au fondement de l'ethos universitaire allemand et le retrait dans le culte de l'intériorité et de l'art qui en est corrélatif. Ludwig Curtius impute à cette coupure sociale et mentale entre la politique et la culture l'extraordinaire passivité qu'a manifestée le corps professoral allemand, occupé par ses intérêts purement académiques, en face du nazisme (cf. L. Curtius, *Deutscher und antiker Geist*, Stuttgart, 1950, pp. 335 sq.).
2. Il suffit pour s'en convaincre de voir comment Heidegger traite les concepts de Jünger, *Typus* par exemple.

moment déterminé de l'histoire politique de l'Allemagne, il *se situe* en un moment de l'histoire interne de la philosophie et, plus précisément, dans la série des retours successifs à un Kant chaque fois différent, parce que chaque fois construit contre le précédent, qui scandent l'histoire de la philosophie universitaire allemande : comme Cohen et l'Ecole de Marbourg récusent la lecture fichtéenne de Kant, Heidegger dénonce la lecture des grands néo-kantiens, qui réduit selon lui la *Critique de la raison pure* à une recherche des conditions de possibilité de la science, asservissant la réflexion à des vérités qui la précèdent en fait et en droit [3]. On peut aussi, selon d'autres généalogies, le situer au croisement des lignées fondées par Kierkegaard, Husserl et Dilthey. L'insertion dans le champ implique l'insertion dans l'histoire du champ, c'est-à-dire l'intégration dans l'œuvre de l'histoire du champ, par l'intermédiaire de la reconnaissance et de la connaissance de la problématique historiquement constituée qui s'y trouve pratiquement instituée. La généalogie philosophique que le philosophe se donne à la faveur des reconstructions rétrospectives est une fiction bien fondée. L'héritier d'une tradition lettrée parle toujours de ses devanciers ou de ses contemporains dans la distance même qu'il prend par rapport à eux.

Il serait donc parfaitement vain d'essayer de comprendre en dehors de ses relations avec le champ philosophique dans lequel elle s'enracine une pensée philosophique aussi manifestement professorale que celle de Heidegger : celui-ci n'a pas cessé de penser et de se penser par rapport à d'autres penseurs — et toujours davantage, par un paradoxe apparent, à mesure que s'affirmait son autonomie et son originalité. Toutes les options fondamentales de Heidegger, celles qui trouvent leur principe dans les dispositions les plus profondes de son habitus et leur expression dans les couples « cardinaux » de concepts antagonistes empruntés à l'air du temps, se définissent par référence à un espace philosophique déjà constitué, c'est-à-dire par

---

3. Cf. J. Vuillemin, *L'héritage kantien et la révolution copernicienne*, Paris, P.U.F., 1954. Jules Vuillemin considère les trois « lectures » majeures du kantisme dans leur architectonique et reconstruit une sorte d'histoire idéale de leur succession dont le moteur serait la négativité, Cohen niant Fichte et Heidegger Cohen, ce qui entraînerait un déplacement du centre de gravité du kantisme de la Dialectique à l'Analytique, puis à l'Esthétique.

rapport à un champ de prises de position philosophiques qui reproduit dans sa logique propre le réseau des positions sociales dans le champ philosophique. C'est par l'intermédiaire de cette référence permanente au champ des prises de position philosophiques possibles que s'opère la transfiguration philosophique des prises de position éthico-politiques ; c'est à travers elle que s'imposent et les problèmes et *l'univers structuré des solutions possibles* qui détermine à l'avance la signification philosophique d'une prise de position, même inédite (par exemple anti-kantienne, néo-thomiste). C'est aussi cette référence qui, par l'intermédiaire de l'homologie (plus ou moins consciemment sentie) entre la structure des prises de position philosophiques et la structure des prises de position ouvertement politiques, délimite, pour un penseur déterminé, l'éventail, très restreint, des prises de position philosophiques compatibles avec ses options éthico-politiques.

Les prises de position se posent et s'imposent comme philosophiques dans la mesure, et dans la mesure seulement, où elles se définissent par rapport au champ des prises de position philosophiquement connues et reconnues à un moment donné du temps ; dans la mesure où elles parviennent à se faire connaître comme réponses pertinentes à la *problématique* qui s'impose à un moment donné du temps sous la forme des antagonismes constitutifs du champ. L'autonomie relative du champ se marque dans la capacité qu'il détient d'interposer, entre les dispositions éthico-politiques qui orientent le discours et la forme finale de ce discours, un système de problèmes et d'objets de réflexion légitimes, et d'imposer par là à toute intention expressive une transformation systématique : mettre en forme philosophiquement, c'est mettre des formes politiquement, et la trans-formation que suppose le transfert d'un espace social, inséparable d'un espace mental, à un autre, tend à rendre méconnaissable la relation entre le produit final et les déterminants sociaux qui sont à son principe, une prise de position philosophique n'étant jamais que l'homologue, au système près, d'une prise de position éthico-politique « naïve ».

La double insertion du philosophe, défini par la position qui lui est assignée dans l'espace social (et, plus précisément, dans la structure du champ du pouvoir) et par la position qu'il occupe dans le champ de production philosophique, est au principe de processus de transformation qui ressortissent inséparablement aux mécanismes inconscients du fonctionnement du champ, retraduits par l'habitus, et aux stratégies conscientes de systématisation. Ainsi, la relation que Heidegger entretient avec les positions les plus marquantes de l'espace politique, libéralisme et socialisme, marxisme ou pensée « révolutionnaire-conservatrice », ou avec les positions sociales correspondantes, ne se constitue pratiquement qu'au travers de toute une série de relations homologues de l'opposition fondamentale qui s'y trouve à la fois manifestée et transfigurée. C'est d'abord la relation de double refus, de double mise à distance qui est impliquée dans l'appartenance à une aristocratie de l'esprit, menacée d'un côté dans sa rareté par le danger mortel de *Vermassung*, de « nivellement » et de « baisse de niveau » que lui fait courir l'afflux des étudiants et des maîtres subalternes, et de l'autre dans son autorité morale de conseiller du prince ou de pasteur des masses par l'avènement d'une bourgeoisie industrielle et de mouvements populaires définissant eux-mêmes leurs objectifs. Relation qui se reproduit, sous une forme spécifiée, dans la relation que la philosophie entretient avec les autres disciplines : menacé dans ses prétentions à la domination intellectuelle, depuis la fin du XIXe siècle, par le développement d'une science de la nature portant en elle sa propre réflexion et par l'émergence de sciences sociales visant à s'approprier les objets traditionnels de la réflexion philosophique, le corps des professionnels de la réflexion est en état de mobilisation permanente contre le psychologisme et surtout le positivisme, qui prétend confiner la philosophie dans les limites d'une épistémologie (*Wissenschaftstheorie*) (les adjectifs *naturwissenschaftlich* et *positivistich* fonctionnent comme des condamnations sans appel, même parmi les historiens)[4]. Aux yeux d'un monde universitaire globalement très conservateur et dominé par les « nationalistes allemands »[5], la sociologie, qui est perçue comme science française, et roturière, et que l'on situe du côté des extrémismes critiques (avec Mannheim notamment), cumule toutes les tares : les prophètes du *Verstehen* n'ont pas assez de mépris pour parler, souvent sans la nommer, de cette

---
4. F. Ringer, *op. cit.*, p. 103.
5. E. Everth, cité par G. Castellan, *L'Allemagne de Weimar, 1918-1933*, Paris, Colin, 1969, pp. 291-292.

entreprise de réductionnisme vulgaire, surtout lorsqu'elle prend la forme de la sociologie de la connaissance[6]. Et cette relation entre la philosophie et les sciences se spécifie à son tour dans la relation que Heidegger entretient avec les néo-kantiens, parmi lesquels les contemporains distinguent la tradition dite du Sud-Ouest, avec Windelband, puis Rickert, directeur de la thèse de Heidegger, et l'Ecole de Marbourg, dont le principal représentant est Herman Cohen, une des bêtes noires des idéologues du Troisième Reich[7]. Windelband, professeur à Heidelberg, où il aura Husserl pour successeur, avance une critique des glissements de Cohen vers le positivisme agnostique qui annonce les critiques que Heidegger opposera à la critique kantienne de la métaphysique : l'épistémologie empiriste que l'Ecole de Marbourg découvre dans l'œuvre de Kant tend à remplacer la critique philosophique par une analyse causale et psychologique de l'expérience, inclinant d'un côté vers Hume et de l'autre vers Comte, ce qui conduit à dissoudre la philosophie dans l'épistémologie[8]. Le kantisme d'inspiration plus métaphysique est aussi représenté par Aloïs Riegl, plus tourné vers la *Naturphilosophie*, et par l'autre maître de Heidegger, Lask, qui, comme le dit bien Gurvitch, transforme l'analyse transcendantale en métaphysique ontologique[9]. A l'opposé, Cohen et Cassirer s'affirment comme les héritiers prestigieux de la grande tradition libérale et de l'humanisme européen des Lumières. Cassirer essaie de montrer que l'idée de « Constitution républicaine » n'est pas une « intrusion étrangère dans la tradition allemande », mais au contraire l'aboutissement de la philosophie idéaliste[10]. Quant à Cohen, il propose une interprétation socialiste de Kant, l'impératif catégorique qui commande de traiter la personne d'autrui comme

---

6. Ces traits continuent à définir la doxa philosophique et, par conséquent, la réception probable, chez les philosophes d'Allemagne et autres pays, d'un texte comme celui-ci. (1987 : Et rien n'atteste mieux la permanence de la relation structurante entre la philosophie et les sciences sociales que les silences médités des philosophes, heideggériens ou non, dans le débat suscité en France par le livre de Victor Farias.)
7. Cf. H.A. Grunsberg, *Der Einbruch des Judentums in die Philosophie*, Berlin, Junker und Dünnhaupt, 1937.
8. W. Windelband, *Die Philosophie im deutschen Geistesleben des 19. Jahrhunderts*, Tübingen, 1927, pp. 83-84, cité par F. Ringer, *op. cit.*, p. 307.
9. G. Gurvitch, *Les tendances actuelles de la philosophie allemande*, Paris, Vrin, 1930, p. 168.
10. Cf. F. Ringer, *op. cit.*, p. 213.

une fin et non comme un moyen étant interprété comme le programme moral de l'avenir (« L'idée de la prééminence de l'Humanité comme fin devient par là seulement l'Idée du socialisme, en sorte que chaque homme soit défini comme but Final, comme Fin en soi »)[11].

Du fait de la position dominante qu'occupent les différents représentants du néo-kantisme, c'est par rapport à eux (ou, plus exactement, contre eux) en même temps que contre les psychologies de la conscience empirique, psychologisme, vitalisme ou empirio-criticisme auxquels certains d'entre eux semblent accorder le renfort d'une analyse transcendantale dévoyée, que se définissent les occupants des autres positions importantes. C'est la phénoménologie husserlienne, intérieurement divisée entre une logique transcendantale, antipsychologiste, et une ontologie. C'est toute la descendance, plus ou moins directe, de la *Lebensphilosophie,* désormais orientée vers la philosophie de la culture : dans la variante universitaire, les héritiers de Dilthey (dont on sait l'influence qu'il a exercée sur Heidegger), et aussi, d'une certaine façon, de Hegel, Lipps, Litt ou Spranger ; dans sa version vulgarisée, des pensées comme celle de Ludwig Klages, influencé par Bergson et très proche de la littérature néo-conservatrice (avec par exemple l'exaltation de l'*Einfühlung,* l'empathie, et de l'*Anschauung,* l'intuition, et le recours à des alternatives simplistes, comme âme et esprit, pour fonder une critique passionnée de l'intellectualisation du monde et de la domination de la technique). C'est encore le positivisme logique des Wittgenstein, Carnap ou Popper : dans un manifeste publié en 1929, le Cercle de Vienne dénonce la confusion sémantique qui règne dans la philosophie universitaire et déclare sa sympathie pour les mouvements progressistes, soupçonnant ceux qui s'accrochent au passé dans le domaine social de cultiver des positions dépassées, en métaphysique comme en théologie[12].

Tel était, au moment où Heidegger y fait son entrée, après son *Abitur* à Constance, l'espace des possibles dans un champ

---

11. H. Cohen, *Ethik des reinen Willens*, Berlin, Cassirer, 1904, cité par H. Dussort, *L'Ecole de Marbourg*, Paris, P.U.F., 1963, p. 20 (Henri Dussort note que ce kantisme de gauche trouvera un prolongement chez le marxiste autrichien Max Adler, notamment dans son *Kant und der Marxismus*).

12. F. Ringer, *op. cit.*, p. 309.

philosophique souterrainement hanté par deux grandes figures refoulées, le marxisme et la métaphysique réactionnaire des « révolutionnaires conservateurs ». Appartenir au champ philosophique en un tel lieu et un tel moment, c'était se trouver affronté au problème ou au programme qui se trouvait inscrit dans les oppositions constitutives de sa structure : comment dépasser la philosophie de la conscience transcendantale sans tomber dans le réalisme ou dans le psychologisme du sujet empirique ou, pire, dans une forme quelconque de réduction « historiciste » ? La singularité de l'entreprise philosophique de Heidegger réside dans le fait qu'elle tend à *faire exister* au sein du champ philosophique, par un coup de force philosophiquement révolutionnaire, une nouvelle position, par rapport à laquelle toutes les autres auraient à se redéfinir : cette position, qui était indiquée par certains efforts pour dépasser le kantisme mais qui était absente de la problématique philosophique légitime, c'est-à-dire universitairement instituée, était en quelque sorte appelée de l'extérieur du champ, par des mouvements politiques ou littéraires tels que le cercle George, et importée dans le champ par les attentes et les préoccupations de certains étudiants ou jeunes assistants. Pour réaliser un tel bouleversement des rapports de force au sein du champ philosophique, et donner une forme de respectabilité à des prises de position hérétiques, donc exposées à paraître vulgaires, il fallait associer les dispositions « révolutionnaires » du rebelle et l'autorité spécifique qu'assure un grand capital accumulé au sein même du champ : Heidegger, en tant qu'assistant (depuis 1916) de Husserl, devenu (en 1923) professeur ordinaire à Marbourg, jouissait du prestige sulfureux du penseur d'avant-garde qui, à la faveur de la conjoncture de crise, dans l'Université même et au-dehors, peut imposer un discours à la fois révolutionnaire et conservateur : les prophètes, comme l'observait Weber à propos du judaïsme antique, et plus généralement les hérésiarques, sont souvent des transfuges de la caste sacerdotale qui investissent un grand capital spécifique dans la subversion de l'ordre sacerdotal et qui puisent dans une lecture rénovée des sources les plus consacrées les armes d'une révolution destinée à restaurer la tradition dans son authenticité originaire.

L'habitus de ce « professeur ordinaire » issu de la toute petite bourgeoisie rurale qui ne peut pas penser et parler la politique autrement que selon les schèmes de pensée et les mots de l'ontologie — au point de faire d'un discours de recteur nazi une profession de foi métaphysique — est l'opérateur pratique de l'homologie qui s'établit entre une position philosophique et une position politique sur la base de l'homologie entre le champ philosophique et le champ politique : il intègre en effet tout l'ensemble des dispositions et des intérêts associés aux différentes positions occupées dans des champs différents (dans l'espace social, celle du *Mittelstand* et de la fraction universitaire de cette classe, dans la structure du champ universitaire, celle du philosophe, etc.) et aussi à la *trajectoire* sociale conduisant à ces positions, celle de l'universitaire de première génération, placé en porte à faux, en dépit de sa réussite, dans le champ intellectuel. C'est cet habitus qui, en tant que produit intégré de déterminismes relativement indépendants, opère l'intégration permanente de déterminations ressortissant à différents ordres dans des pratiques et des produits essentiellement *surdéterminés* (que l'on pense par exemple à la thématique de l'origine).

Sans doute faut-il rapporter à sa trajectoire sociale la capacité polyphonique tout à fait exceptionnelle que manifeste Heidegger, cet art de réunir des problèmes qui existaient à l'état dispersé dans le champ politique et le champ philosophique, tout en donnant le sentiment de les poser de manière plus « radicale », plus « profonde » que personne avant lui. Une trajectoire ascendante, en conduisant à traverser des univers sociaux différents, prédispose mieux qu'une trajectoire monotone à parler et à penser dans plusieurs espaces à la fois, à s'adresser à des publics autres que celui des pairs (comme celui des « paysans » plus ou moins phantasmatiques qui existent surtout par et pour le refus de l'intellectuel déraciné) ; et l'acquisition tardive et purement scolaire du langage savant favorise peut-être ce rapport au langage qui permet de jouer de toutes les harmoniques savantes du langage ordinaire en même temps que de réveiller les harmoniques ordinaires du langage savant (ce qui est un des ressorts de l'effet d'*estrangement* prophétique qu'a produit *Sein und Zeit*) [13]. Mais surtout on ne

---

13. A quoi il faudrait ajouter la capacité, typique du professeur ou du *grammairien* (et que mesurent les tests d'intelligence), à produire ou à entendre simultanément

peut comprendre la position particulière de Martin Heidegger dans le champ philosophique sans prendre en compte le rapport difficile et tendu à l'univers intellectuel qu'il doit à une trajectoire sociale improbable, donc rare. Il ne fait pas de doute en effet que l'hostilité de Heidegger à l'égard des grands maîtres du kantisme, notamment Cassirer, s'enracinait dans un antagonisme profond des habitus : « D'un côté, ce petit homme brun, sportif et bon skieur, à la mine énergique et impassible, cet homme dur et difficile qui s'engage totalement dans les problèmes qu'il a posés, avec le sérieux moral le plus profond ; de l'autre côté, l'homme à la chevelure blanche, olympien non seulement extérieurement mais aussi intérieurement, avec son esprit large et ses vastes problématiques, sa mine sereine et sa complaisance aimable, sa vitalité et sa souplesse et, finalement, sa distinction aristocratique [14]. » Il faut citer Mme Cassirer elle-même qui écrit : « On nous avait expressément préparés à l'apparence curieuse de Heidegger ; nous connaissions son refus de toute convention sociale et aussi son hostilité envers les néo-kantiens, tout particulièrement Cohen. Son penchant pour l'antisémitisme ne nous était pas étranger non plus (...) [15]. Tous les invités étaient arrivés, les femmes en robe du soir, les hommes en habit. Avant la seconde moitié du dîner, prolongé par d'interminables discours, la porte s'ouvrit, et un homme petit, de peu d'apparence, entra dans la salle, intimidé comme un petit paysan qu'on aurait poussé par la porte d'un château.

---

plusieurs sens *pratiquement exclusifs* du même mot (par exemple les différents sens que reçoit le mot « rapporter » lorsqu'on le rapporte à un chien, à un placement ou à un enfant).

14. G. Schneeberger, *op. cit.*, p. 4.
15. On sait tous les démentis qui ont été apportés à cette phrase. Cela dit, pour mieux évaluer le sens de l'engagement dans le mouvement nazi, et de ce qu'il impliquait sous ce rapport, il faut rappeler que, quelle qu'ait pu être à l'origine l'ambiguïté, souvent invoquée, de l'idéologie national-socialiste, des signes indiscutables de sa vérité s'étaient déjà révélés depuis longtemps à l'intérieur de l'Université même. Dès 1894, les étudiants juifs avaient été exclus de « fraternités » d'étudiants en Autriche et en Allemagne du Sud, les étudiants juifs convertis étant acceptés dans le Nord. L'exclusion devint totale lorsqu'en 1919 toutes les fraternités allemandes, qui réclamaient par ailleurs un *numerus clausus* pour les Juifs, souscrivaient à la « Résolution d'Eisenach ». Faisant écho aux manifestations antisémites qui éclataient parmi les étudiants, les incidents se multipliaient dans le corps enseignant à l'encontre des Juifs ou des professeurs de gauche, comme en 1932, à Heidelberg et Breslau. Sur ce point aussi, décisif, les universités allemandes ont été à l'avant-garde de l'évolution vers le nazisme.

Il avait les cheveux noirs, des yeux sombres et pénétrants, et faisait penser à un artisan originaire du sud de l'Autriche ou de la Bavière ; impression bientôt confirmée par son dialecte. Il était habillé d'un costume noir démodé. » Et elle ajoute plus loin : « Pour moi, ce qui me paraissait le plus inquiétant, c'est son sérieux mortel et son manque total d'humour [16]. »

Sans doute faut-il éviter de se laisser prendre aux apparences : le « costume existentiel » [17] et le parler du terroir ont quelque chose d'ostentatoire chez ce « brillant » universitaire, déjà entouré de l'admiration de ses maîtres et de ses élèves [18]. Tout cela, et aussi la référence idéalisante au monde paysan, sent la pose et pourrait n'être qu'une façon de convertir en attitude philosophique une relation difficile au monde intellectuel. « Brillant » parvenu, excluant exclu, Heidegger importe dans le monde intellectuel une autre manière de vivre la vie intellectuelle, plus « sérieuse », plus « laborieuse » (par exemple dans le rapport aux textes et dans l'usage du langage), mais aussi plus *totale* : celle du *maître à penser* qui demande une délégation plus large et plus entière que les défenseurs d'une philosophie réduite à une réflexion sur la science et qui, en contrepartie, doit à sa mission pastorale et à son rôle de conscience morale de la cité l'engagement absolu et intransigeant d'une existence exemplaire.

Le double refus qu'enferme le populisme aristocratique de Heidegger n'est probablement pas sans rapport avec la représentation plus ou moins scandalisée que, comme intellectuel de première génération, il peut avoir de ce qui lui apparaît comme une inversion paradoxale, c'est-à-dire les dispositions « démo-

---

16. T. Cassirer, *Aus Meinem Leben mit Ernst Cassirer*, New York, 1950, pp. 165-167, cité par G. Schneeberger, *op. cit.*, pp. 7-9.

17. Hühnerfeld raconte qu'à Marbourg Heidegger se faisait couper un costume conforme aux théories du peintre post-romantique Otto Ubbelohde, qui prêchait le retour aux costumes folkloriques : l'ensemble, formé d'un pantalon serré et d'une redingote, était appelé le « costume existentiel » (P. Hühnerfeld, *In Sachen Heidegger, Versuch über ein deutsches Genie*, Munich, List, 1961, p. 55).

18. « Quand les étudiants rentrèrent en 1918 des champs de bataille (...), une rumeur commença bientôt à se répandre dans les séminaires philosophiques des universités allemandes : là-bas, à Fribourg, il n'y a pas seulement ce bouffon d'Edmund Husserl, avec sa moustache énorme, il y a aussi un jeune assistant, un homme de peu d'apparence, qu'on prendrait pour un électricien venu pour contrôler l'installation plutôt que pour un philosophe. Cet assistant a une personnalité d'un très grand rayonnement » (P. Hühnerfeld, *op. cit.*, p. 28).

cratiques », « républicaines », voire « socialistes », de ceux qu'il perçoit comme de grands bourgeois, et dont il se sent séparé sous tous les rapports, et en particulier du point de vue de l'« authenticité » et de la sincérité de ses convictions populistes. Comment ne pas reconnaître la relation d'antagonisme viscéral qui l'oppose à cet humanisme bavard et futile dans la série des oppositions, qui sont au cœur du système élaboré, entre le silence taciturne (*Verschwiegenheit*), expression parfaite de l'authenticité, et le bavardage (*Gerede, Geschwätz*) ; entre l'enracinement (*Bodenständigkeit*), centre de l'idéologie du « sol » et des « racines », et la curiosité (*Neugier*), assimilée, sans doute par la médiation d'un topique platonicien, à la mobilité de la conscience émancipée et au déracinement de l'intellectuel *errant* (autre mot clé), c'est-à-dire *juif*[19] ; ou enfin, entre le raffinement frelaté de la « modernité » citadine et juive et la simplicité archaïque, rurale, pré-industrielle, du paysan qui est à l'ouvrier citadin, archétype du « on », ce que l'intellectuel errant, sans attaches ni racines, sans foi ni loi, est au « berger de l'être »[20].

L'indignation morale et la révolte contre les mœurs des intellectuels et des étudiants se lisent parfois directement dans certains témoignages ou certaines déclarations : « Il avait en horreur toute "philosophie de la culture", de même les congrès philosophiques ; le grand nombre de revues qui parurent après la Première Guerre mondiale excitait sa colère pathétique. Avec une amère sévérité, il écrivait de Scheler qu'il "renouvelait" E. von Hartmann, tandis que d'autres érudits, à côté d'un *Logos* déjà ancien, publiaient un *Ethos* et un *Kairos*. "Quelle sera la plaisanterie de la semaine prochaine ? Je crois qu'une maison de fous vue de l'intérieur offre un aspect plus net et plus raisonnable que cette époque" » (K. Löwith, « Les impli-

---

19. Pour comprendre complètement la surdétermination discrètement antisémite de tout le rapport heideggérien au monde intellectuel, il faudrait pouvoir ressaisir toute l'atmosphère idéologique dont Heidegger était sans doute *imprégné*. Ainsi par exemple, l'association entre les Juifs et la modernité, ou entre les Juifs et la critique destructive, est partout présente, en particulier dans les écrits antimarxistes : ainsi par exemple H. von Treitschke, professeur à l'université de Berlin, propagateur fameux de l'idéologie *völkisch* à la fin du XIXᵉ siècle, accuse les Juifs de ruiner la paysannerie allemande en introduisant la modernité à la campagne (cf. G.L. Mosse, *op. cit.*, p. 201).

20. M. Heidegger, lettre à *Die Zeit*, 24 septembre 1953, cité par J.-M. Palmier, *op. cit.*, p. 281. Cette opposition est tout à fait commune dans la pensée conservatrice (on le retrouve par exemple dans *La débâcle* de Zola).

cations politiques de la philosophie de l'existence chez Heidegger », *loc. cit.*, p. 346). Et c'est toute une représentation de la vie « insouciante » et facile des étudiants (bourgeois ?) qui se trahit entre les lignes du message du recteur nazi : « La "liberté universitaire" tant vantée est chassée de l'Université allemande, car cette liberté était inauthentique, puisque purement négative. Elle signifie *insouciance* qui se complaît dans l'intention et le penchant, *licence* dans l'action et le laisser-faire. Le concept de liberté propre aux étudiants allemands est maintenant ramené à sa vérité » (M. Heidegger, « L'auto-affirmation de l'Université allemande », 27 mai 1933, in : M. Heidegger, « Discours et proclamations », *Médiations*, 1961, n° 3, pp. 139-159). On sait par d'autres témoignages (cf. P. Hühnerfeld, *op. cit.*, p. 51) que Heidegger n'estimait aucun de ses collègues, qu'il ne voulait pas se mêler d'une philosophie académique qui ne faisait que « vivoter ».

Et il faut sans doute voir dans l'expérience exaltée d'un monde paysan idéalisé l'expression détournée et sublimée de l'ambivalence à l'égard du monde intellectuel plus que le fondement de cette expérience. Qu'il suffise de citer quelques moments significatifs du discours radiodiffusé que prononce Heidegger pour expliquer son refus de la chaire de Berlin, « Pourquoi restons-nous en province ? » : « Lorsque, au plus profond d'une nuit d'hiver, une tempête de neige entoure le refuge (*die Hütte*) et recouvre tout, alors le grand moment de la philosophie est venu. Ses questions doivent devenir simples et essentielles (*einfach und wesentlich*) (...). Le travail philosophique ne s'accomplit pas comme entreprise isolée d'un original. Il appartient au centre même du travail du paysan (...). Le citadin croit qu'il se "mêle au peuple" quand il s'abaisse à une longue conversation avec un paysan. Quand, le soir, m'interrompant dans mon travail, je m'asseois avec le paysan sur la banquette de la cheminée ou près du "coin de Dieu" (*Herrgottswinkel*), alors, la plupart du temps, nous ne parlons pas du tout. Nous nous taisons et nous fumons la pipe (...). L'appartenance intérieure de mon travail à la Forêt-Noire et à ses hommes se fonde sur un enracinement (*Bodenständigkeit*) centenaire et irremplaçable dans le terroir alémanico-souabe » (M. Heidegger, « Warum Bleiben wir in der Provinz ? », *Der Alemanne*, mars 1934, cité in : G. Schneeberger, *op. cit.*, pp. 216-218). Et Heidegger raconte plus loin comment, nommé une seconde fois à Berlin, il alla voir « son vieil ami, un paysan de soixante-quinze ans », qui, sans un mot, lui signifia qu'il devait refuser. Anecdote d'avance assurée d'entrer au côté du four d'Héraclite dans l'hagiographie philosophique.

Les historiens de la philosophie oublient trop souvent que les grandes options philosophiques qui balisent l'espace des possibles, néo-kantisme, néo-thomisme, phénoménologie, etc., se présentent sous la forme sensible de personnes, appréhendées dans leurs manières d'être, de se tenir, de parler, leur chevelure blanche et leur air olympien, et en association avec des dispositions éthiques et des choix politiques qui leur donnent une physionomie concrète. C'est par rapport à ces configurations sensibles, syncrétiquement aperçues, dans la sympathie ou l'antipathie, l'indignation ou la complicité, que s'éprouvent les positions et que se définissent les prises de position : le sens du jeu inséparablement éthique, politique et philosophique que supposent les placements et les déplacements réussis dans le champ philosophique se repère à ces indices surdéterminés pour produire un projet philosophique qui confond pratiquement la « révolution conservatrice » et le renversement contre-révolutionnaire de la critique néo-kantienne de la métaphysique et de la « domination de la raison ».

Heidegger engage la compétence spécifique relativement rare qu'il a acquise à l'école des jésuites, puis des théologiens de Fribourg, et à la lecture, imposée par sa charge, des auteurs philosophiques, dans une entreprise de mise en question qu'il veut *radicale* (le mot revient sans cesse dans les propos et la correspondance) mais aussi universitairement respectable. Ambition apparemment contradictoire qui le conduit à réunir symboliquement les extrêmes opposés. Il tente ainsi de réconcilier, dans la théologie sans Dieu d'une Université initiatique, l'aristocratisme ésotérique des petits cénacles tels que le cercle George (*George-kreis*), à qui il emprunte ses modèles de l'accomplissement intellectuel (que l'on pense à Hölderlin, redécouvert par Norbert von Hellingrath, ou au *Parménide* de Reinhardt), et la mystique écologique de la *Jungendbewegung* ou du mouvement anthroposophique de Steiner, qui prêchent le retour à la simplicité et à la sobriété rurales, aux promenades en forêt, aux aliments naturels et aux vêtements tissés à la main. L'emphase et l'enflure wagnérienne de son style, fort éloigné, sauf peut-être en intention, des jeux rythmiques et métriques superbement anti-wagnériens de Stephan George, la forme d'avant-gardisme qui consiste à « débanaliser » les auteurs canoniques[21], le retour au « monde de l'action besogneuse », à « ce qui est à portée de la main », à l'existence quotidienne[22], l'ascétisme provincial de consommateur de produits naturels et de costumes régionaux qui est comme la caricature petite-bourgeoise de l'ascétisme esthète des grands initiés, amateurs de vins d'Italie et de paysages méditerranéens, de poésie mallarméenne et pré-raphaélite, de vêtements à l'antique et de profils à la Dante, tout, dans cette variante professorale, c'est-à-dire « démocratisée », de l'aristocratisme, trahit l'exclu de l'aristocratie qui ne peut exclure l'aristocratisme.

Il suffit, pour voir que la combinaison stylistique particulièrement improbable que produit Heidegger est rigoureusement homologue de la combinaison idéologique qu'elle est chargé de véhiculer, de resituer le langage heideggerien dans l'espace des langages contemporains, où se définit objectivement sa distinction et sa valeur sociale : c'est-à-dire, pour ne marquer que les points pertinents, la langue conventionnelle et hiératique de la poésie post-mallarméenne à la Stephan George, la langue académique du rationalisme néo-kantien à la Cassirer, et enfin la langue des « théoriciens » de la « révolution conservatrice » tels que Möller van den Bruck[23] ou, plus près de Heidegger dans l'espace politique, Ernst Jünger[24]. Par opposition au langage strictement ritualisé et hautement épuré, surtout dans son vocabulaire, de la poésie post-symboliste, le langage heideggérien, qui en est la transposition dans l'ordre philosophique, accueille, à la faveur de la licence qu'implique la logique proprement conceptuelle de la *Begriffsdichtung*, des mots (par

---

21. L'avant-gardisme de la redécouverte ou de la restauration, notamment en matière de poésie, le plus scolaire des beaux-arts, convient parfaitement à l'universitaire de première génération qui, mal inséré dans le monde intellectuel, a refusé tous les mouvements d'avant-garde esthétique (le cinéma ou la peinture expressionnistes, par exemple) et qui trouve dans le parti pris archaïsant une justification avant-gardiste de son refus du moderne.

22. Comme on le voit dans ce qu'en dit Cassirer au cours du débat de Davos (*Débat sur le kantisme et la philosophie, Davos, op. cit*, p. 25), c'est cette réhabilitation du quotidien qui a sans doute le plus frappé les contemporains.

23. F. Stern, *The Politics of Cultural Despair*, Berkeley, University of California Press, 1961.

24. W.Z. Laqueur, *Young Germany, A History of the German Youth Movement*, Londres, Routledge, 1962, pp. 178-187.

exemple *Fürsorge*) et des thèmes qui sont exclus du discours ésotérique des grands initiés [25] aussi bien que de la langue hautement neutralisée de la philosophie universitaire. S'autorisant de la tradition philosophique qui veut que l'on tire parti des potentialités infinies de pensée que recèlent le langage ordinaire [26] et les proverbes du sens commun, Heidegger introduit dans la philosophie universitaire (selon la parabole, qu'il commente avec complaisance, du four d'Héraclite) des mots et des choses qui en étaient jusque-là bannis ; proche des porte-parole de la « révolution conservatrice », dont il consacre philosophiquement nombre de thèses et de mots, Heidegger s'en sépare par la vertu de la mise en forme qui sublime les emprunts les plus « grossiers » en les enserrant dans le réseau des résonances de son et de sens qui caractérise la *Begriffsdichtung* hölderlinienne du prophète académique. Tout cela la situant aux antipodes du style universitaire classique dans les différentes variantes de sa froide rigueur, élégante et transparente chez Cassirer, tourmentée et obscure chez Husserl.

---

25. Le style de George s'est imposé à l'imitation de toute une génération, en particulier par l'intermédiaire du « mouvement de jeunesse » (*Jugendbewegung*), séduit par son idéalisme aristocratique et son mépris pour le « rationalisme aride » : « On imitait son style et on répétait un petit nombre de citations — des phrases sur celui qui a une fois fait le tour de la flamme et qui suivra pour toujours la flamme ; sur le besoin d'une nouvelle mobilité dont le garant ne soit ni la couronne ni les armoiries ; sur le Führer et sa bannière *völkisch* qui conduira les siens vers le futur à travers la tempête et les présages terrifiants, etc. » (W.Z. Laqueur, *op. cit.*, p. 135).

26. Heidegger évoque explicitement la tradition — et, plus précisément, le détournement que Platon fait subir au mot *eidos* — pour justifier son usage « technique » du mot *Gestell* : « Suivant sa signification habituelle, le mot *Gestell* désigne un objet d'utilité, par exemple une étagère pour livres. Un squelette s'appelle aussi un *Gestell*. Et l'utilisation du mot *Gestell* qu'on exige maintenant de nous paraît aussi affreuse que ce squelette, pour ne rien dire de l'arbitraire avec lequel les mots d'une langue faite sont ainsi maltraités. Peut-on pousser la bizarrerie encore plus loin ? Sûrement pas. Seulement cette bizarrerie est un vieil usage de la pensée » (M. Heidegger, « La question de la technique », in *Essais et conférences*, Paris, Gallimard, 1973, p. 27). Contre la même accusation d'« arbitraire désordonné », Heidegger répond, s'adressant à un étudiant, par une exhortation à « apprendre le métier de la pensée » (M. Heidegger, « La question de la technique », *op. cit.*, pp. 222-223).

chapitre 3

une « révolution conservatrice »
en philosophie

Révolutionnaire conservateur en philosophie, Heidegger place l'analyste devant une difficulté quasi insurmontable. Pour penser cette révolution dans sa spécificité, et pour échapper à l'accusation de « naïveté », il est indispensable d'entrer dans le jeu philosophique (ce qui n'est, en un sens, que trop facile, tant sont considérables les profits subjectifs et objectifs associés à l'*illusio*) et d'accepter tous les présupposés qui, étant inhérents au champ philosophique et à son histoire, demeurent au fondement d'une subversion qui ne peut rester une révolution philosophique qu'à condition d'éviter de mettre en cause ces présupposés[1]. Mais, pour objectiver cette révolution, et les conditions sociales de son apparition, il faut mettre en suspens véritablement la doxa philosophique et la « naïveté » spécifique des indigènes, donc s'exposer à paraître étranger au jeu, c'est-à-dire indifférent et incompétent, et risquer de laisser intacte la croyance, en renforçant même l'image que l'œuvre pure entend donner d'elle-même, celle d'une réalité inaccessible à toute « réduction », intouchable, sacrée[2].

Sans être jamais sûr d'échapper à l'ambiguïté inévitable d'une analyse toujours menacée de succomber à la complaisance ou à l'incompréhension, on voudrait se donner pour principe de

---
1. Comme j'ai essayé de le montrer à propos de la lecture de la *Critique de la faculté de juger* que propose Jacques Derrida, la « déconstruction » est vouée à n'opérer que des « révolutions partielles » tant qu'elle ne met pas en jeu *tous* les présupposés dont la reconnaissance est impliquée dans le fait de revendiquer le statut de « philosophe » pour l'auteur et la dignité « philosophique » pour son discours (cf. P. Bourdieu, *La distinction, Critique sociale du jugement,* Paris, Ed. de Minuit, 1979, pp. 578-583).
2. C'est le choix de la seconde voie qui m'avait fait adopter, à propos d'Althusser et Balibar, le langage explicitement iconoclaste de la bande dessinée pour marquer la *coupure* entre l'objectivation scientifique d'une rhétorique philosophique et la « discussion philosophique » (cf. P. Bourdieu, « La lecture de Marx : Quelques remarques critiques à propos de "Quelques remarques critiques à propos de *Lire le Capital*" », *Actes de la recherche en sciences sociales,* n° 5/6, nov. 1975, pp. 65-79).

décrire la dimension proprement sociale de stratégies indissociablement philosophiques et sociales puisque engendrées dans ce microcosme social qu'est le champ philosophique : on suppose en effet (un présupposé explicitement énoncé devient postulat méthodologique) que l'intérêt proprement philosophique est déterminé, tant dans son existence même de *libido sciendi* spécifique que dans ses orientations et ses points d'application, par la position occupée dans la structure du champ philosophique au moment considéré et, à travers elle, par toute l'histoire du champ qui, dans certaines conditions, peut être au principe d'un dépassement réel des limites associées à l'historicité[3].

Il ne fait pas de doute que les enjeux de Heidegger — et c'est en cela qu'il est philosophe — sont primordialement, sinon exclusivement, inscrits dans le champ philosophique et qu'il s'agit pour lui, avant tout, de faire exister une nouvelle position philosophique, définie, fondamentalement, dans le rapport à Kant ou, plus exactement, aux néo-kantiens : ceux-ci dominent le champ au nom d'un capital symbolique, constitué en garantie des entreprises philosophiques orthodoxes, l'œuvre de Kant et la problématique kantienne. C'est au travers de cette problématique, qui se trouve incarnée dans l'espace social sous la forme des conflits entre les néo-kantiens à propos des questions légitimes du moment, le problème de la connaissance et le problème des valeurs[4], que le champ et ceux qui le dominent assignent ses cibles — et aussi ses limites — à l'entreprise subversive du nouvel entrant. Nanti d'une vaste culture, à la fois orthodoxe (il publie plusieurs comptes rendus d'ouvrages consacrés à Kant, considéré en particulier dans ses rapports avec Aristote) et hétérodoxe, voire un peu hérétique, comme en témoigne sa thèse d'habilitation sur Duns Scot, Heidegger

---

3. Devant l'ampleur de la tâche qu'elle assigne, on ne peut pas ne pas penser que la méthode vaut mieux que l'application que l'on peut en faire, faute de pouvoir maîtriser l'ensemble des savoirs (philosophiques, historiques, politiques, etc.) qui seraient indispensables pour lui donner toute la rigueur nécessaire.

4. Comme l'observe Richardson, pourtant peu suspect de sociologisme, « deux problèmes seulement étaient *philosophiquement acceptables* : le problème critique de la connaissance et le problème critique des valeurs » (W.J. Richardson, *op. cit.*, p. 27 ; souligné par moi). Un des effets majeurs d'un champ consiste précisément à imposer une *définition spécifique* (philosophique, scientifique, artistique, etc.) de l'acceptable et de l'inacceptable.

aborde ces problèmes à partir de ce que l'on pourrait appeler, par analogie avec la politique, une *ligne théorique* : étant enracinée au plus profond de l'habitus, celle-ci ne trouve pas complètement son principe dans la seule logique du champ philosophique et elle est aussi le principe des choix effectués dans l'ensemble des champs. Si l'on a en mémoire les homologies qui s'établissent entre le champ politique, le champ universitaire et le champ philosophique, et en particulier entre les oppositions majeures qui les structurent, comme l'opposition politique entre le libéralisme et le marxisme, l'opposition académique entre les humanités traditionnelles (dont la philosophie elle-même) et les sciences de la nature, avec leurs prolongements positivistes, ou les sciences de l'homme, avec leur cortège de « psychologisme », d'« historicisme » et de « sociologisme », et enfin l'opposition philosophique entre les différentes formes de kantisme, séparées par des divisions qui, si « pures » soient-elles, ne sont pas dépourvues de résonances dans l'ordre de la politique, ou de la politique académique, on comprend que les choix que le sens philosophique, comme sens de la ligne théorique, opère au seul plan philosophique, dans l'illusion, sans doute, de la liberté entière à l'égard de toute détermination politique et académique, sont inévitablement *surdéterminés* politiquement et académiquement. Il n'est pas de parti philosophique — celui qui incite à se ranger, par exemple, du côté de l'intuition ou au contraire du côté du jugement ou du concept, ou à donner la priorité à l'esthétique transcendantale sur l'analytique transcendantale, à la poésie sur le langage discursif — qui ne porte en lui, par surcroît, un choix académique et un choix politique et qui ne doive même à ce choix second, plus ou moins inconsciemment assumé, une part de ses déterminations les plus profondes.

Ce qui donne à la pensée de Heidegger son caractère exceptionnellement polyphonique et polysémique, c'est sans doute son aptitude à parler harmoniquement dans plusieurs registres à la fois, à évoquer (négativement) le socialisme, la science ou le positivisme à travers une critique purement philosophique de certaines lectures purement philosophiques (mais elles-mêmes politiquement surchargées) de l'œuvre de Kant. Dans un champ, toute détermination est négation et la ligne théorique (comme ailleurs la ligne politique ou le parti artistique) ne peut pas se poser sans s'opposer, donc s'affirmer négativement contre d'autres lignes concurrentes. Du fait que les refus opposés aux deux termes des différentes alternatives structuralement homologues ont le même principe, les solutions (toujours de troisième voie) proposées dans des espaces mentaux (et sociaux) différents sont immédiatement accordées, parce que structuralement équivalentes.

Affronter la problématique néo-kantienne, tant dans sa forme la plus opposée (voire la plus antipathique) à ses dispositions éthico-politiques, avec Cohen, que dans sa forme la plus élaborée, la plus complètement restaurée et renouvelée, avec Husserl, l'adversaire intime, c'est, à la faveur de l'homologie entre les espaces, donner le sentiment de poser au niveau le plus profond, le plus radical, certains des problèmes qui se posent dans le champ universitaire (la question du statut respectif de la science et de la philosophie) et dans le champ politique (les questions posées par les événements critiques de 1919). En refusant, comme il le fait dans *Kant et le problème de la métaphysique*, la démarche qui consiste à poser la question des conditions de droit à propos d'une science constituée comme un fait, il renverse le rapport de subordination de la philosophie à l'égard de la science que le néo-kantisme, proche en cela du positivisme, tend à instaurer, au risque de réduire la philosophie à une simple réflexion sur la science. En l'instituant en science du fondement, qui fonde et ne peut pas être fondée, il restitue à la philosophie l'autonomie que l'analyse juridique de l'Ecole de Marbourg lui avait fait perdre et, du même coup, il fait de la question ontologique du sens de l'être le préalable à toute interrogation sur la validité des sciences positives [5].

Ce renversement révolutionnaire, exemple typique de ce que l'on voudrait appeler, *salva reverentia*, la stratégie de la *Wesentlichkeit*, en entraîne un autre. Sans aller jusqu'au bout de la logique qui le porte à privilégier le problème du jugement par rapport au problème de l'imagination transcendantale, c'est-à-dire jusqu'à l'idéalisme absolu, Cohen réduit l'intuition au concept et l'esthétique à la logique, et, mettant entre parenthèses la notion de chose en soi, tend à substituer à la synthèse

---

5. Cf. J. Vuillemin, *op. cit*, spécialement p. 211 et, pour toute cette analyse, la 3e partie de ce livre (*op. cit.*, pp. 210-296) consacrée à Heidegger.

achevée de la Raison (que pose le panlogisme hégélien) la synthèse inachevée de l'Entendement. Reprenant contre lui ce qui se trahit au travers de l'affirmation de l'inachèvement du savoir, c'est-à-dire la finitude, Heidegger rétablit le privilège de l'intuition et de l'Esthétique, faisant de la temporalité existentiale le fondement transcendantal d'une raison pure sensible.

La stratégie philosophique est inséparablement une stratégie politique au sein du champ philosophique : découvrir la métaphysique au fondement de la critique kantienne de toute métaphysique, c'est détourner au profit de la « pensée essentielle » (*das wesentliche Denken*), qui aperçoit dans la raison, « tant glorifiée pendant des siècles », « l'adversaire le plus acharné de la pensée »[6], le capital d'autorité philosophique attaché à la tradition kantienne. Stratégie souveraine qui permet de combattre les néo-kantiens, mais au nom du kantisme, donc de cumuler les profits de la contestation du kantisme et de l'autorité kantienne : ce qui n'est pas peu de chose dans un champ où toute légitimité émane de Kant.

Cassirer, qui était parmi les premiers visés, ne s'y est pas trompé et, au cours des entretiens de Davos, il se départit de sa « distinction » académique pour parler le langage brutalement réducteur de l'appropriation et du monopole[7] : « Lorsqu'il s'agit de la philosophie kantienne, personne n'a le droit de se bercer dans la certitude dogmatique de la posséder et chacun doit saisir toutes les occasions de se la *réapproprier*. Dans le livre de Heidegger, on a affaire à une tentative de *réappropriation* de ce genre de la position fondamentale de Kant » (E. Cassirer, M. Heidegger, *Débat sur le kantisme et la philosophie, Davos, mars 1929, op. cit.*, pp. 58-59, souligné par moi). L'ambiguïté du mot « réappropriation » est par soi significative. Elle s'éclaire plus loin : « Heidegger ne parle plus

---

6. Cf. W.J. Richardson, *op. cit.*, p. 99.
7. Avant d'accorder à Heidegger, dans ce débat, le beau rôle du « rebelle » affronté au mandarin, à l'héritier d'une culture cosmopolite, citadine et bourgeoise, il faut savoir que, comme Simmel, autre intellectuel juif éminent, qui ne fut nommé professeur à Strasbourg qu'en 1914, c'est-à-dire quatre ans avant sa mort, Cassirer n'a dû qu'à l'appui de Dilthey d'obtenir sa *venia legendi* et n'a été nommé professeur qu'en 1919, alors qu'il avait quarante-cinq ans, et dans l'université nouvelle et combative de Hambourg (cf. F. Ringer, *op. cit.*, p. 137), siège aussi du *Warburg Institut* qui, avec l'*Institut für Sozialforschung* de Max Horkheimer à Francfort, lance à la vieille Université allemande un vrai défi, moins facile à récupérer que celui de Heidegger et de ceux qu'il exprime.

> ici en commentateur, mais en usurpateur qui, pourrait-on dire, pénètre à main armée dans le système kantien pour le soumettre et l'utiliser aux fins de sa propre problématique. Devant cette usurpation, il faut exiger restitution » (*loc. cit.*, p. 74). Métaphore encore, mais qui se précise peu après : « Heidegger a une idée en tête, dans toute son interprétation de Kant ; sans aucun doute, c'est la liquidation de ce néo-kantisme qui voudrait fondre l'ensemble du système kantien dans la critique de la connaissance, voire le réduire en définitive à une simple critique de la connaissance. Il lui oppose le caractère originairement métaphysique de la problématique kantienne » (*loc. cit.*, p. 75). Plus loin : « L'hypothèse de Heidegger ne serait-elle pas au fond une arme de guerre ; peut-être sommes-nous déjà non sur le terrain d'une *analyse* de la pensée kantienne, mais en plein sur le terrain de la *polémique* contre cette pensée ? » (*loc. cit.*, p. 78 souligné par moi). Heidegger récuse l'analyse stratégique de Cassirer avec son sens habituel de la dénégation : « Mon intention n'était pas, en face d'une interprétation "épistémologique", d'apporter quelque chose de nouveau et de faire honneur à l'imagination » (*loc. cit.*, p. 43).

La réinterprétation du kantisme ne fait qu'un avec la réintégration de la phénoménologie et le « dépassement » de la pensée de Husserl : Kant (réinterprété) sert à dépasser Husserl qui, sous un autre rapport, permet de dépasser Kant. Le problème purement phénoménologique de la relation entre l'expérience pure, comme intuition d'une objectivité antéprédicative, et le jugement, comme intuition formelle fondant la validité de la synthèse, trouve dans la théorie de l'imagination transcendantale la solution que Husserl s'est interdit de fournir en s'enfermant dans la recherche d'une logique transcendantale (alors même que, avec la découverte que l'acte de connaissance est inséparablement temporalisation, il en ouvrait la possibilité). L'échec de la tentative husserlienne pour concilier une conception platonicienne des essences et une conception kantienne de la subjectivité transcendantale trouve son dépassement dans une ontologie de la temporalité, c'est-à-dire de la finitude transcendantale, qui exclut l'éternité de l'horizon de l'existence humaine et qui place au principe du jugement et au fondement de la théorie de la connaissance non une intuition intellectuelle mais une intuition sensible et finie. La vérité de la phénomémologie, que la phénoménologie ignore, et la vérité de la *Critique de la raison pure,* que les néo-kantiens ont occultée, résident dans le fait que « connaître, c'est primitivement intuitionner ». La subjectivité transcendantale en tant qu'elle se transcende pour rendre possible la rencontre objectivante, l'ouverture à l'étant, n'est autre chose que le temps qui trouve son principe dans l'imagination et qui constitue ainsi la source de l'être en tant qu'être.

Le renversement est radical : Husserl rapportait aussi l'être au temps, la vérité à l'histoire et, à travers par exemple la question de l'origine de la géométrie, posait plus ou moins directement le problème de l'histoire de la constitution de la vérité, mais selon une « ligne » qui était celle de la philosophie comme science rigoureuse et de la défense de la raison ; Heidegger fait de l'être du temps le principe de l'être lui-même et, immergeant la vérité dans l'histoire et sa relativité, fonde une ontologie (paradoxale) de l'historicité immanente, une ontologie historiciste[8]. Dans un cas, il s'agit de sauver à tout prix la raison ; dans l'autre cas, elle est mise radicalement en question, puisque l'historicité, principe de relativité, donc de scepticisme, est placée au principe même de la connaissance.

Mais rien n'est aussi simple et la stratégie du dépassement radical conduit à des positions fondamentales ambiguës, ou, plus exactement, *réversibles* (ce qui facilitera ultérieurement, les renversements sans reniement et les doubles jeux propres à encourager les doubles ententes). Inscrire l'histoire dans l'être, constituer la subjectivité authentique comme finitude assumée et par là absolue, instituer au cœur du « Je pense » constituant un temps ontologique et constituant, c'est-à-dire déconstituant, c'est renverser le renversement kantien de la métaphysique, faire la critique métaphysique de toute critique de la métaphysique, bref, accomplir la « révolution conservatrice » (*die konservative Revolution*) dans la philosophie. Et cela par une stratégie typique des « révolutionnaires conservateurs » (et de Jünger notamment) : celle qui consiste à se jeter au feu pour ne pas se brûler, à tout changer sans rien changer, par une de ces *extrémi-*

---

[8]. Là encore on peut dire que Heidegger radicalise la pensée de Husserl qui, comme on l'a souvent observé, accorde de plus en plus de place à la temporalité et à l'historicité (cf. A. Gurwitsch, « The last work of Edmund Husserl », *Philosophy and Phenomenological Research*, 16, 1955, pp. 380-399).

tés héroïques qui, dans le mouvement pour se situer toujours au-delà de l'au-delà, unissent et concilient *verbalement* les contraires, dans des propositions paradoxales, et magiques. Ainsi de l'affirmation que la métaphysique ne peut être qu'une métaphysique de la finitude et que seule la finitude conduit à l'inconditionné; ou encore que l'existant n'est pas temporel parce qu'il est historique mais qu'au contraire il est historique parce qu'il est temporel [9].

Il faudrait analyser ici le rapport de Heidegger à Hegel, tel qu'il s'énonce dans *Identität und Differenz,* où la confrontation prend la forme d'une annexion-distanciation par inversion de signe : l'Etre, de Concept absolu, de pensée complète des étants, devient différence par rapport aux étants, différence en tant que différence; la réconciliation de la pensée et de l'Etre dans le logos s'accomplit, chez Heidegger, dans le silence. La tâche de manifestation de l'Etre, c'est-à-dire de la dialectique des contradictions, par laquelle l'Etre pur, en tant que Néant, se transforme en histoire du Devenir, devient, chez le deuxième Heidegger un effort pour découvrir en quelque sorte l'absence de l'Etre et pour manifester, dans une sorte *d'ontologie négative* (au sens où l'on parle de théologie négative), le processus émanatiste de l'Etre dans la différence des étants, inversion de la *Selbstbewegung* de l'Absolu hégélien qui ne peut s'exprimer que dans le silence ou dans une évocation poétique de l'*Ens absconditum.*

Le renversement verbal qui permet d'échapper à l'historicisme en affirmant l'historicité essentielle de l'existant, et en inscrivant l'histoire et la temporalité dans l'Etre, c'est-à-dire dans l'anhistorique et l'éternel, est le paradigme de toutes les stratégies philosophiques de la révolution conservatrice en matière de philosophie. Ces stratégies qui ont toujours pour principe le dépassement radical permettent de tout conserver sous apparence de tout changer en réunissant les contraires dans une pensée à double face, comme Janus, donc *incontournable,* puisque capable de faire front de tous les côtés à la fois : l'extrémisme méthodique de la pensée essentielle permet de dépasser les thèses les plus radicales, de droite ou de gauche,

---

9. Cf. J. Vuillemin, *op. cit.*, pp. 224 et 295.

UNE « RÉVOLUTION CONSERVATRICE » EN PHILOSOPHIE

en conduisant au point de renversement où la droite devient la gauche de la gauche, et inversement.

Ainsi, chercher dans l'histoire, principe du relativisme et du nihilisme, le dépassement du nihilisme, c'est en fait mettre l'ontologie historiciste à l'abri de l'histoire, en échappant, par l'éternisation de la temporalité et de l'histoire, à l'historicisation de l'éternel [10]. Donner un « fondement ontologique » à l'existence temporelle, c'est, *jouant avec le feu*, frôler une vision historiciste de l'ego transcendantal qui donnerait un rôle réel à l'histoire en prenant acte du processus de constitution empirique du sujet connaissant (tel que l'analysent les sciences positives de l'homme) [11] et du rôle constituant du temps et du travail historique dans la genèse des « essences » (celles de la géométrie, par exemple) ; mais c'est aussi maintenir une *différence* radicale avec toute espèce d'anthropologie « qui étudie l'homme comme un objet déjà là » [12] et même avec des formes plus « critiques » d'anthropologie philosophique (et notamment celles que proposent Cassirer ou Scheler). Dans le mouvement même par lequel elle fonde la réduction des vérités au temps, à l'histoire et à la finitude, privant les vérités scientifiques de l'éternité qu'elles s'accordent et que leur reconnaît la philosophie classique, l'ontologisation de l'histoire et du temps (comme l'ontologisation du *Verstehen* qui en est inséparable) arrache à l'histoire (et à la science anthropologique) la vérité éternelle de la constitution ontologique du *Dasein* comme temporalisation et historicité, c'est-à-dire comme principe *a priori* et éternel de toute histoire (tant au sens d'*Historie* que de *Geschichte*). Elle fonde la vérité transhistorique de la philosophie qui énonce, en dehors de toute détermination historique, la vérité transhistorique du *Dasein* comme historicité. Instituer l'historicité ou la compréhension en structure fondamentale du *Dasein,* par une

---

10. Pour voir la spécificité de la stratégie de révolution conservatrice, double demi-révolution qui reconduit au point de départ, il suffit de comparer le rapport heideggérien à la *tradition historique* comme restauration de l'originaire avec la vision nietzschéenne de l'histoire qui cherche dans l'intensification de l'historicisme un dépassement de l'historicisme, trouvant dans la discontinuité et la relativité temporelles l'instrument d'une rupture délibérée et d'un oubli actif (celui qui permet par exemple de se libérer de l'Etre statique des Grecs).
11. Le philosophe Janus pourra s'appuyer sur cet aspect de sa pensée pour faire l'éloge du marxisme dans *La lettre sur l'humanisme.*
12. Cf. M. Heidegger, *Débat sur le kantisme et la philosophie, Davos, op. cit.*, p. 46.

tautologie fondatrice qui laisse les choses en l'état — en quoi l'ontologie du *comprendre* (*Verstehen*) fait-elle mieux comprendre le comprendre ? —, c'est, tout en donnant l'impression de poser la question à un niveau plus fondamental, de manière plus radicale, laisser entendre, sans avoir besoin d'en rien dire, que les sciences positives ne peuvent tout en dire.

On peut voir une manifestation pratique de cette « ligne » philosophique dans la stratégie que Heidegger met en œuvre contre *La philosophie des formes symboliques* de Cassirer au cours du débat de Davos : ayant posé d'emblée que la genèse du néo-kantisme est à chercher dans « l'embarras de la philosophie devant la question de savoir ce qui lui reste encore comme domaine propre à l'intérieur du tout de la connaissance » (*Débat sur le kantisme et la philosophie, Davos,* op. cit., pp. 28-29), il met en question le fondement de l'ambition épistémologique de fonder les sciences de l'homme, qu'en tant que telle — on a le sens des hiérarchies... — il approuve : l'ouvrage de Cassirer, dit-il, « porte à un niveau *fondamentalement* supérieur la problématique des recherches positives en mythologie » et offre une conception du mythe qui, « si elle pénètre les recherches empiriques, fournira un fil *conducteur* très sûr pour réunir et analyser des faits nouveaux comme pour élaborer *à fond* des données déjà acquises » (*loc. cit.*, p. 94 ; souligné par moi). Une fois professée cette déclaration de solidarité que se doivent les tenants de la *discipline dominante* lorsqu'ils s'affrontent aux disciplines inférieures, Heidegger en vient à sa stratégie favorite, le coup de la *Wesentlichkeit*, dépassement indépassable de tout dépassement, fondement auto-fondateur de tout fondement, préalable absolu à tous les préalables : « La détermination préalable du mythe comme fonction de la conscience constituante est-elle pour sa part suffisamment fondée ? Où sont les bases d'une telle fondation à coup sûr inéluctable ? Ces bases elles-mêmes sont-elles suffisamment élaborées ? » Et, après un rappel des limites de l'interprétation kantienne de la révolution copernicienne, il continue : « Est-ce possible d'"*élargir*" purement et simplement la critique de la raison pure en critique de la culture ? Est-il donc si sûr ou n'est-il pas plutôt hautement contestable que les fondements de l'interprétation transcendantale kantienne de la "culture" sont expressément dégagés et fondés ? » (*loc. cit.*, p. 95 ; souligné par moi). Il faudrait citer intégralement cette longue méditation interrogative : l'intention pure de dépassement par la « pensée fondative » s'arme de l'opposition, fonctionnant comme *structure génératrice*, entre le « large » (donc superficiel et « clair ») et le « profond », et s'accomplit dans une rhétorique mi-incantatoire, mi-terroriste du *fondamental* (qui multiplie les « profond », « fondamental », « fondation », « fondement », « fonder », « se fonder », « en profondeur », « bases ») et du *préalable* (« est-il donc si sûr... », « qu'en est-il de... », « avant de se demander... », « il convient tout d'abord... », « c'est alors seulement... », « le problème fondamental n'est pas encore abordé »). Ce fondement du fondement, contrairement à ce que pourrait faire attendre cette mise en question soupçonneuse des fondements de la subjectivité kantienne et de son vocabulaire spiritualiste, « conscience », « vie », « esprit », « raison », on n'ira évidemment pas le chercher dans les conditions matérielles d'existence des producteurs du discours mythique. La pensée « fondative » ne veut pas connaître ce fondement « vulgaire », c'est-à-dire vulgairement « empirique »[13]. L'« idéalisme existentiel » (comme l'appelle très justement Gurvitch) ne se rapproche de l'existence que pour mieux s'éloigner des conditions matérielles d'existence : choisissant, comme toujours, la « voie de l'intérieur », *den Weg nach Innen,* comme disait la tradition de la pensée *völkisch,* il cherche le fondement de la « pensée mythique » dans une « élaboration préalable de la constitution ontologique de l'existence en général » (*loc. cit.*, p. 97).

En inscrivant dans la structure ontologique du *Dasein*, au prix d'une altération radicale du sens « du mot arrogant d'ontologie », comme disait Kant, des caractéristiques existentielles (aussi désignées comme des « existentiaux fondamentaux » ou des « modes fondamentaux de l'être de l'être-là »), décrites comme les conditions transcendantales (rebaptisées ontologi-

---

13. Dans la même logique, Cassirer et Heidegger s'accordent au moins pour exclure de leur débat, qui se veut proprement philosophique, toute référence aux fondements « empiriques » de leurs positions respectives (ce qui ne les empêche pas de multiplier les allusions objectivantes) : « Nous sommes à un point où il y a peu à attendre d'arguments purement logiques (...). Mais nous n'avons pas le droit d'en rester à cette relation qui mettrait au centre *l'homme empirique.* Très important était à cet égard ce que Heidegger a dit en dernier lieu. Pas plus que la mienne, sa position ne peut être anthropocentrique et, si elle ne veut pas l'être, je demande : où donc réside le centre commun dans notre opposition ? Qu'il ne soit pas à rechercher dans l'empirique, c'est évident. » Heidegger témoigne de la même adhésion à cet axiome implicite de la doxa philosophique en excluant que la question de la différence entre les deux philosophes puisse être « posée en termes anthropocentriques » (*op. cit.*, pp. 46-47).

ques) qui rendent possible la connaissance (la compréhension, mais aussi le langage), bref, en opérant une ontologisation du transcendantal, Heidegger réalise une première confusion des contraires, propre à le rendre insaisissable et irréductible à l'une ou à l'autre des positions opposées. La confusion est redoublée par le fait que l'ontologie transcendantale définit l'être connaissant comme un non-être, c'est-à-dire comme acte temporalisant, projet, achevant ainsi l'ontologisation du transcendantal par une ontologisation de l'histoire qui identifie l'être et le temps. On comprend que le fameux renversement (*Kehre*), et la prise de distance avec l'ontologie transcendantale et l'analytique existentielle de *Sein und Zeit,* aient pu conduire tout naturellement, à travers l'ontologisation de l'histoire, à l'ontologie négative qui, identifiant ce que l'être est à ce que l'être est en tant qu'il se présente au *Dasein*, évoque l'Etre comme un processus d'émergence (une « évolution créatrice » ?) dépendant pour sa réalisation de la pensée qui le laisse être, de la *Gelassenheit* comme soumission à l'historicité.

Il n'est même pas besoin, on le voit, d'établir une relation directe entre le « renversement » et la semi-retraite postérieure au rectorat pour comprendre que cet ultra-radicalisme de la révolution en pensée s'achève, une fois passé le temps de l'« engagement résolu », dans une sorte de sagesse néo-thomiste rappelant chacun à « reconnaître ce qui est » et à « vivre selon sa condition » : « Les pâtres invisibles habitent au-delà des déserts de la terre dévastée, qui ne doit plus servir qu'à assurer la domination de l'homme (...). La loi cachée de la terre conserve celle-ci dans la modération *qui se contente* de la naissance et de la mort de toutes choses *dans le cercle assigné du possible*, auquel *chacune se conforme* et qu'aucune ne connaît. Le bouleau ne dépasse jamais la ligne de son possible. Le peuple des abeilles habite dans son possible. *La volonté seule, de tous côtés s'installant dans la technique,* secoue la terre et l'engage dans les grandes fatigues, dans l'usure et dans les variations de *l'artificiel*[14]. »

Cela dit, les connotations académiques et politiques de la pensée pure n'ont jamais cessé de résonner, dans le champ philosophique et au-delà. Il suffit de penser par référence à la

---

14. M. Heidegger, *Essais et conférences, op. cit.*, p. 113 ; souligné par moi.

logique du champ universitaire ou du champ politique les prises de positions philosophiques de Heidegger et celles de ses interlocuteurs théoriques pour apercevoir les implications proprement politiques de ses choix les plus purement théoriques. Ces significations secondaires n'ont pas besoin d'être voulues comme telles, puisqu'elles se dégagent automatiquement des correspondances *métaphoriques*, des doubles sens et des sous-entendus qui, du fait de l'homologie entre les champs, surgissent de l'application dans le champ philosophique d'une « ligne » de validité beaucoup plus générale, celle de l'habitus qui oriente les choix éthiques et politiques de l'existence « empirique » et théorique. On voit ainsi immédiatement que l'affirmation de la primauté de la philosophie par rapport à la science et de l'intuition par rapport au jugement et au concept, qui constitue un des enjeux de la confrontation de Heidegger avec le néo-kantisme et de la lutte pour tirer Kant vers la logique, vers la raison, ou au contraire vers l'Esthétique, vers l'imagination, entre en consonance immédiate avec les manifestations d'irrationalisme qui s'observent dans le champ politique. En tendant à subordonner la raison à la sensibilité, à « sensibiliser la raison » (comme Schopenhauer qui, refusant la distinction kantienne de l'intuition et du concept, trouvait dans l'intuition la source de toute connaissance), la lecture heideggérienne de la *Critique de raison pure* fait apparaître le kantisme comme une critique fondamentale de l'*Aufklärung*.

L'effet est le même lorsque, en appliquant à la tradition religieuse, et plus précisément luthérienne, ou para-religieuse, comme la pensée de Kierkegaard, la stratégie du dépassement radical par la « pensée essentielle » qu'il avait appliquée à la philosophie la plus soucieuse de marquer la coupure entre la religion et la philosophie, celle de Kant, Heidegger fait entrer dans la philosophie une forme sécularisée des thèmes religieux que la théologie anti-théologique de Kierkegaard avait déjà transformés en thèse métaphysiques : c'est par exemple la notion de *Schuld*, faute, constituée en mode d'être du *Dasein*, ou tant d'autres concepts de même origine et de même coloration, *Angst*, angoisse, *Absturz*, chute, *Verderbnis*, corruption, *verfallen*, déchoir, *Versuchung*, tentation, *Geworfenheit*, déréliction, *Innerweltlichkeit*, intramondanéité, etc.

On pourrait, d'un jeu de mots que Heidegger ne renierait

pas, dire que la pensée essentielle (*das wesentliche Denken*) essentialise. En constituant en « modes d'être du *Dasein* » des substituts à peine euphémisés de notions théologiques, elle inscrit dans l'être tous les traits de la condition « ordinaire » de l'homme « ordinaire », l'abandon au « monde », la « perte de soi » dans la « mondanité » du « bavardage », de la « curiosité », de l'« équivoque » : la vérité de cette métaphysique de la « chute », qui fait de l'« errance », sorte de péché originel, le principe de toutes les erreurs particulières, oubli de l'Etre ou conversion à la banalité, se résume et se trahit dans la stratégie d'annexion — tout à fait semblable à celle que Heidegger dirigeait contre les néo-kantiens — par laquelle l'« aliénation » (*Entfremdung*), réduite au sens *völkisch* de « déracinement », se trouve constituée en « structure ontologico-existentiale » du *Dasein*, c'est-à-dire en déficience ontologique. Mais, outre la fonction politique de *sociodicée* de l'ontologisation de l'histoire, cet emprunt stratégique révèle la vérité de cet autre effet typiquement heideggérien, le (faux) dépassement radical de tout radicalisme possible, qui fournit sa plus inattaquable justification au conformisme. Faire de l'aliénation ontologique le fondement de toute aliénation, c'est, si l'on peut dire, banaliser et déréaliser à la fois l'aliénation économique et le discours sur cette aliénation par un dépassement radical, mais fictif, de tout dépassement révolutionnaire.

Heidegger ramène sur le terrain de la pensée philosophique universitairement recevable (et le débat avec les néo-kantiens contribue beaucoup à lui assurer cette respectabilité) une thématique et des modes d'expression — et en particulier un style incantatoire et prophétique — jusque-là repoussés aux marges du champ de la philosophie universitaire, vers ces sectes où se mêlent Nietzsche et Kierkegaard, George et Dostoïevski, le mysticisme politique et l'enthousiasme religieux. Ce faisant, il produit une position philosophique jusque-là impossible, qui se situe par rapport au marxisme et au néo-kantisme comme les « révolutionnaires conservateurs » se situent dans le champ idéologico-politique par rapport aux socialistes et aux libéraux[15]. Et rien n'atteste mieux cette homologie — mis à part les

---

15. En matière de style même, Heidegger pourrait avoir introduit dans l'usage universitaire, en lui donnant ses lettres de noblesse, *un langage mystique et un rapport*

emprunts directs sur les questions les plus ouvertement politiques, comme celle de la technique — que la place conférée à la *résolution* (*Entschlossenheit*), affrontement libre et quasi désespéré des limites existentielles qui s'oppose aussi bien à la médiation rationnelle qu'au dépassement dialectique.

---

mystique au langage qui étaient jusque-là réservés aux petits prophètes marginaux de la révolution conservatrice : c'est ainsi que Julius Langbehn, un des plus fameux d'entre eux, écrivait une prose forcée, imitée du dernier Nietzsche et recourant sans cesse à des jeux de mots, à des dérivations de sens à partir de noms communs ou des noms propres et à une sorte de « philologie mystique » (cf. F. Stern, *op. cit.*, pp. 116-117 ; cf. aussi p. 176, n. 1, la référence à une thèse sur le langage mystique du mouvement de jeunes).

chapitre 4
censure et mise en forme

L'œuvre de Heidegger est une manifestation exemplaire du travail de l'inconscient et de la conscience qui doit être accompli pour que l'intention expressive puisse se maintenir dans les limites de la censure qu'exerce, par sa structure même, tout champ de production culturelle : la problématique philosophique comme espace des possibles objectivement réalisé fonctionne comme *marché possible* exerçant un effet de répression et de licitation ou d'incitation sur les pulsions expressives. Chaque producteur doit compter avec cette problématique, et c'est seulement dans les limites des contraintes qu'elle impose que ses phantasmes sociaux peuvent trouver leur expression. En conséquence, le discours savant peut être considéré comme une « formation de compromis » au sens de Freud, c'est-à-dire comme le produit d'une transaction entre des intérêts expressifs, eux-mêmes déterminés par la position occupée dans le champ, et les contraintes structurales du champ dans lequel se produit et circule le discours et qui fonctionne comme censure[1]. Le travail à la fois conscient et inconscient d'*euphémisation* et de sublimation, qui est nécessaire pour *rendre dicibles* les pulsions expressives les plus inavouables dans un état déterminé de la censure du champ, consiste à *mettre en forme* et à *mettre des formes*; la réussite de ce travail et les profits qu'il peut procurer dans un état déterminé de la structure des chances de profit matériel ou symbolique à travers laquelle s'exerce la censure du champ dépendent du capital spécifique du producteur, c'est-à-dire de son autorité et de sa compétence spécifiques.

Les transactions et les compromis qui sont constitutifs du

---

1. Ce modèle vaut pour toute espèce de discours (cf. P. Bourdieu, *Ce que parler veut dire*, Paris, Fayard, 1982).

83

travail de mise en forme ne peuvent jamais être totalement imputés aux visées conscientes d'un calcul rationnel des coûts et des profits matériels ou symboliques. Et les plus puissants des *effets rhétoriques* sont le produit de la rencontre, jamais complètement maîtrisée par la conscience, entre deux nécessités immanentes : la nécessité d'un habitus, plus ou moins complètement prédisposé à tenir la position occupée dans le champ, et la nécessité immanente à un état du champ. Celle-ci oriente les pratiques à travers des mécanismes objectifs, tels que ceux qui tendent à assurer l'ajustement entre la position et les dispositions de son occupant ou ceux qui engendrent, de manière quasi automatique, sur la base des homologies entre champs différents, des effets de surdétermination et d'euphémisation propres à conférer au discours une opacité et une complexité polyphonique inaccessible à l'intention rhétorique la plus experte.

Les produits culturels doivent donc leurs propriétés les plus spécifiques aux conditions sociales de leur production et, plus précisément, à la position du producteur dans le champ de production qui commande à la fois, et par des médiations différentes, l'intérêt expressif, la forme et la force de la censure qui lui est imposée, et la compétence qui permet de satisfaire cet intérêt dans les limites de ces contraintes. La relation dialectique qui s'établit entre l'intérêt expressif et la censure structurale du champ interdit de distinguer dans l'*opus operatum* la forme et le contenu, ce qui est dit et la manière de le dire ou même la manière de l'entendre. En imposant la mise en forme, la censure exercée par la structure du champ détermine la forme — que toutes les analyses formalistes entendent arracher aux déterminismes sociaux — et, inséparablement, le contenu, indissociable de son expression conforme, donc impensable (au sens vrai) en dehors des normes reconnues et des formes convenues. Elle détermine aussi la forme de la réception : produire un discours philosophique dans les formes, c'est-à-dire paré de l'ensemble des signes, une syntaxe, un lexique, des références, etc., auxquels on reconnaît un discours philosophique et par lesquels un discours se fait reconnaître comme philosophique [2], c'est produire un produit qui demande

---

2. A quoi, bien sûr, rien ne contribue autant que le statut de « philosophe » reconnu à son auteur et les signes et les insignes — titres universitaires, maison

à être reçu selon les formes, c'est-à-dire dans le respect des formes qu'il se donne ou, comme on le voit bien en littérature, *en tant que forme*. Les œuvres légitimes peuvent ainsi exercer une violence qui les met à l'abri de la violence nécessaire pour appréhender l'intérêt expressif qu'elles n'expriment que sous une forme qui le nie : l'histoire de l'art, de la littérature ou de la philosophie sont là pour témoigner de l'efficacité des stratégies de mise en forme par lesquelles les œuvres consacrées imposent les normes de leur propre perception.

L'œuvre ne se rattache pas moins à un champ particulier par sa forme que par son contenu : imaginer ce que Heidegger aurait dit dans une autre forme, celle du discours philosophique tel qu'il se pratiquait en Allemagne en 1890, celle de l'article de sciences politiques tel qu'il a cours aujourd'hui à Yale ou à Harvard, c'est imaginer un Heidegger *impossible* (par exemple « errant » ou émigré en 1933) ou un champ de production non moins impossible dans l'Allemagne du temps où se produisait Heidegger. La forme, par où les productions symboliques participent le plus directement des conditions sociales de leur production, est aussi ce par quoi s'exerce leur effet social le plus spécifique : la violence proprement symbolique ne peut être exercée par celui qui l'exerce et subie par celui qui la subit que sous une forme telle qu'elle soit méconnue en tant que telle, c'est-à-dire reconnue comme légitime.

Les discours savants, langues spéciales que les corps de spécialistes (philosophes, juristes, etc.) produisent et reproduisent par une altération systématique de la langue commune, se distinguent du langage scientifique en ce qu'ils recèlent l'hétéronomie sous les apparences de l'autonomie : incapables de fonctionner sans l'assistance du langage ordinaire, ils doivent produire l'illusion de l'indépendance par des *stratégies de fausse*

---

d'édition ou, tout simplement, nom propre — auxquels se reconnaît sa position dans la hiérarchie philosophique. Pour sentir cet effet, il suffit de penser ce que serait la lecture de la page sur la centrale électrique et le vieux pont du Rhin (cf. M. Heidegger, *Essais et conférences, op. cit.*, pp. 21-22) qui vaut à son auteur d'être sacré le « premier théoricien de la lutte écologique » par un de ses commentateurs (R. Schérer, *Heidegger*, Paris, Seghers, 1973, p. 5), si elle était signée du nom du leader d'un mouvement écologique ou d'un ministre de la Qualité de la Vie ou des initiales d'un groupuscule de lycéens gauchistes (il va de soi que ces différentes « attributions » ne deviendraient tout à fait vraisemblables que si elles s'accompagnaient de quelques modifications de la forme).

coupure mettant en œuvre des procédés différents selon les champs et, dans le même champ, selon les positions et selon les moments. Ils peuvent par exemple mimer la propriété fondamentale de tout langage scientifique, la détermination de l'élément par son appartenance au système [3]. Ainsi les concepts proprement heideggériens qui sont des emprunts au langage ordinaire sont transfigurés par le travail de mise en forme qui les coupe de leur usage commun en les insérant, par l'accentuation systématique des parentés morphologiques, dans un réseau de relations manifestées dans la forme sensible du langage et en suggérant ainsi que chaque élément du discours dépend des autres *à la fois* en tant que signifiant et en tant que signifié. C'est ainsi qu'un mot aussi ordinaire que *Fürsorge*, assistance, se trouve rattaché de façon *sensible*, par sa forme même, à tout un ensemble de mots de même famille, *Sorge*, souci, *Sorgfalt*, soin, sollicitude, *Sorglosigkeit*, incurie, insouciance, *sorgenvoll*, soucieux, *besorgt*, préoccupé, *Lebenssorge*, souci de la vie, *Selbstsorge*, souci de soi.

Lorsque Gadamer, dans le compte rendu déjà cité, me prête l'idée qu'il existe un « vrai sens » des mots et que, dans le cas du mot *Fürsorge*, le sens d'assistance sociale est « le seul légitime » selon moi, il manque ce qui fait le cœur même de mon analyse : premièrement, le fait que les mots et, plus largement, le discours, ne reçoivent leur détermination complète, et, entre autres choses, leur sens et leur valeur, que dans la relation pragmatique avec un champ fonctionnant comme un marché et, deuxièmement, le caractère polysémique ou, mieux, *polyphonique* que le discours de Heidegger doit à la capacité particulière qu'a son auteur de parler pour plusieurs champs et plusieurs marchés à la fois. Cette bévue consiste à me prêter la philosophie du langage et de l'interprétation typiquement philologiste qui s'exprime en toutes lettres chez son maître Heidegger : « L'histoire ultérieure du sens accordé à *logos*, et

---

3. Ainsi, tandis que le mot « groupe » des mathématiciens est entièrement défini par les opérations et les relations qui définissent en propre sa structure et qui sont au principe de ses propriétés, la plupart des usages spéciaux de ce mot que recensent les dictionnaires — par exemple, en peinture, « la réunion de plusieurs personnages faisant une unité organique dans une œuvre d'art », ou, en économie, « un ensemble d'entreprises unies par des liens divers » — n'ont qu'une autonomie très faible par rapport au sens premier et resteraient inintelligibles pour qui n'aurait pas la maîtrise pratique de ce sens.

surtout les interprétations multiples et arbitraires de la philosophie subséquente, masquent sans cesse le vrai sens du mot "discours", qui pourtant est assez évident » (*L'Etre et le temps*, Paris, Gallimard, 1964, p. 49 ; souligné par moi). En fait, il est aussi naïf de se demander quel est le vrai sens des mots que de s'interroger, selon une image d'Austin, sur « la couleur réelle du caméléon » (J.L. Austin, *Le langage de la perception*, Paris, A. Colin, 1971) : il y a autant de sens que d'usages et de marchés. Une autre erreur de lecture, qui a aussi pour principe le fait de projeter dans l'œuvre analysée sa propre philosophie — dans le cas particulier une définition de la rhétorique que l'on peut dire simpliste, bien qu'on puisse la faire remonter à Platon et Aristote —, fait dire à Gadamer que l'intention rhétorique est exclusive de l'intention de vérité. En fait, on retrouve le problème de la couleur du caméléon. Gadamer, comme le sens commun savant, accepte tacitement l'idée que la rhétorique s'oppose comme quelque chose de calculé, d'artificiel, de réfléchi, à un mode d'expression naturel, spontané, premier, primitif. C'est oublier qu'une intention expressive ne s'accomplit que dans le rapport avec un marché et qu'il y a donc autant de *rhétoriques* qu'il y a de marchés ; que les usages ordinaires du langage (dont on annule l'extraordinaire diversité en parlant de « langage ordinaire », comme les philosophes du langage) sont le lieu de rhétoriques qui peuvent être suprêmement raffinées sans être pour autant conscientes et calculées ; et aussi que les rhétoriques savantes les plus raffinées, celles de Heidegger par exemple, ne supposent pas nécessairement le calcul ni la maîtrise complète des effets mis en œuvre.

Très fréquent dans les dictons et les proverbes de toutes les sagesses, le jeu avec des mots présentant un « air de famille » du fait de leur parenté étymologique ou morphologique n'est qu'un des moyens, et sans doute le plus sûr, de produire le sentiment de la relation nécessaire entre deux signifiés. L'association par allitération ou par assonance qui instaure des relations quasi matérielles de ressemblance de forme et de son peut porter au jour des relations cachées entre les signifiés ou, même, les faire exister par le seul jeu des formes : ce sont par exemple les jeux de mots philosophiques du second Heidegger, *Denken=Danken*, penser=remercier, dont la magie s'anéantit, au grand désespoir des fidèles, avec la traduction, ou les enchaînements de calembours sur *Sorge als besorgende Fürsorge*, le

« souci en tant que pro-curation se souciant de », qui feraient crier au verbalisme si l'entrelacs des allusions morphologiques et des renvois étymologiques ne produisait l'illusion d'une cohérence globale de la forme, donc du sens et, par là, l'apparence de la nécessité du discours : « *Die Entschlossenheit aber ist nur die in der Sorge gesorgte und als Sorge mögliche Eigentlichkeit dieser selbst* » (La résolution n'est rien que l'authenticité du souci lui-même souciée et possible en tant que souci)[4].

Toutes les ressources potentielles de la langue sont mises en œuvre pour donner le sentiment qu'il existe un lien nécessaire entre tous les signifiants et que la relation entre les signifiants et les signifiés ne s'établit que par la médiation du système des concepts philosophiques, mots « techniques » qui sont des formes anoblies de mots ordinaires (*Entdeckung*, découvrement, et *Entducktheit*, l'être-à-découvert), notions traditionnelles (comme *Dasein*) mais employées avec un léger décalage, destiné à marquer un *écart*, néologismes forgés à neuf pour constituer des distinctions prétendument impensées et pour produire en tout cas le sentiment du dépassement radical (existentiel et existential ; temporel, *zeitlich*, et temporal, *temporal*, opposition qui ne joue d'ailleurs aucun rôle effectif dans *Sein und Zeit*).

La mise en forme produit l'illusion de la systématicité et, à travers la coupure ainsi opérée avec le langage ordinaire, l'illusion de l'autonomie du système. En entrant dans le réseau des mots à la fois morphologiquement ressemblants et étymologiquement apparentés où il s'insère et, à travers eux, dans la trame du lexique heideggérien, le mot *Fürsorge* se trouve arraché à son sens ordinaire, celui qui se livre sans ambiguïté dans l'expression *Sozialfürsorge*, assistance sociale : transformé, transfiguré, il perd son identité commune pour revêtir un sens détourné (que rend à peu près le mot de procuration pris au sens étymologique). Au terme de ce détournement, digne du prestidigitateur qui attire l'attention sur ce qu'il peut montrer

---

4. M. Heidegger, *Sein Und Zeit*, Tübingen, Niemeyer (1re éd. 1927), 1963, pp. 300-301. Heidegger ira de plus en plus loin en ce sens à mesure que, son autorité croissant, il se sentira plus autorisé par les attentes du marché au verbalisme péremptoire qui est la limite de tout discours d'autorité. Il sera servi dans cette entreprise par le travail des traducteurs, français notamment, qui transformeront en concepts souvent tératologiques des platitudes ou des inventions faciles dont les lecteurs indigènes apprécient mieux le véritable statut — ce qui contribue à expliquer les différences dans la réception de l'œuvre de Heidegger en Allemagne et en France.

pour dissimuler ce qu'il veut cacher, le phantasme social de l'assistance (sociale), symbole de l'« Etat providence » ou de l'« Etat assurance », que Carl Schmitt ou Ernst Jünger dénoncent dans un langage moins euphémisé, peut habiter ou hanter le discours légitime (*Sorge* et *Fürsorge* sont au cœur de la théorie de la temporalité), mais sous une forme telle qu'il n'y paraît pas, qu'il n'y est pas.

Là où le travail ordinaire d'euphémisation met un mot (souvent de sens contraire) pour un autre ou neutralise visiblement le sens ordinaire par une mise en garde explicite (les guillemets, par exemple) ou par une définition distinctive, Heidegger procède en instituant un réseau de mots morphologiquement interconnectés à l'intérieur duquel le mot ordinaire, à la fois identique et transfiguré, reçoit une nouvelle identité : il appelle ainsi une lecture philologique et polyphonique, propre à évoquer et à révoquer à la fois le sens ordinaire, à le suggérer tout en le refoulant officiellement, avec ses connotations péjoratives, dans l'ordre de la compréhension vulgaire et vulgairement « anthropologique »[5].

> L'imagination philosophique qui, comme la pensée mythique ou poétique, s'enchante lorsque la relation phénoménale de son se superpose à une relation essentielle de sens joue avec des formes linguistiques qui sont aussi des formes classificatoires : ainsi, dans *Vom Wesen der Wahrheit*, l'opposition entre l'« essence » (*Wesen*) et la « non-essence » ou la « désessence » (*Un-wesen*) se double de l'opposition souterraine, évoquée et récusée à la fois, entre l'ordre — sorte de terme fantôme, à la fois absent et présent *in effigie* — et le *désordre*, un des sens possibles de *Un-wesen*. Les oppositions parallèles, variantes inégalement euphémisées de quelques oppositions « cardinales », elles-mêmes grossièrement réductibles les unes aux autres, dont toute l'œuvre de Heidegger postérieure au « renversement » fournit des exemples innombrables, affirment, sous une forme sublimée, et d'autant plus universelle dans ses applications qu'elle est plus méconnaissable (comme l'opposi-

---

5. On pourra rétorquer à ces analyses qu'elles ne font, pour une part, que porter au jour des propriétés de l'usage heideggérien du langage que Heidegger lui-même revendique expressément — au moins dans ses écrits les plus récents. En fait, comme on essaiera de le montrer plus loin, ces faux aveux sont un aspect du travail de *Selbstinterpretation* et de *Selbstbehauptung* auquel se consacre entièrement le deuxième Heidegger.

tion entre l'ontique et l'ontologique), l'opposition originaire, frappée de tabou. Par là, elles constituent cette opposition en absolu en l'inscrivant dans l'être tout en la niant symboliquement.

C'est par l'insertion dans le système de la langue philosophique que s'opère la *dénégation* du sens premier, celui que le mot tabou revêt par référence au système de la langue ordinaire et qui, officiellement rejeté hors du système patent, continue à mener une existence souterraine. La dénégation est au principe du double jeu qu'autorise la double information de chaque élément du discours, toujours défini simultanément par l'appartenance à deux systèmes, le système patent de l'idiolecte philosophique et le système latent de la langue ordinaire ou, si l'on préfère, par la référence à deux espaces mentaux qui sont inséparables de deux espaces sociaux. Faire subir à l'intérêt expressif la trans-formation nécessaire pour le faire accéder à l'ordre de ce qui est dicible dans un champ déterminé, l'arracher à l'indicible et à l'innommable, ce n'est pas seulement mettre un mot pour un autre, un mot acceptable pour un mot censuré. Cette forme élémentaire de l'euphémisation en cache une autre, qui consiste à utiliser la propriété essentielle du langage, le primat des relations sur les éléments, de la forme sur la substance, selon l'opposition saussurienne, pour occulter les éléments refoulés en les insérant dans un réseau de relations qui en modifie la *valeur* sans en modifier la « substance ». Ce n'est qu'avec les langues spéciales, produites par des spécialistes avec une intention explicite de systématicité, que l'effet d'occultation par la mise en forme s'exerce à plein : dans ce cas, comme dans tous les cas de camouflage par la forme, les significations tabouées, théoriquement reconnaissables, restent pratiquement méconnues ; présentes en tant que substance, elles sont, comme le visage perdu dans le feuillage, absentes en tant que forme, absentes de la forme. L'expression est là pour masquer les *expériences primitives du monde social* et les *phantasmes sociaux* qui sont à son principe autant que pour les dévoiler ; pour leur permettre de se dire, en disant, par la manière de dire, qu'elle ne les dit pas. Elle ne peut les énoncer que sous une forme qui les rend méconnaissables parce qu'elle ne peut se reconnaître comme les énonçant. Soumise aux normes tacites ou explicites d'un champ particulier, la substance primitive se dissout, si l'on peut dire, dans la forme. Cette mise en forme est à la fois transformation et transsubtantiation : la substance signifiée *est* la forme signifiante dans laquelle elle s'est réalisée.

La mise en forme fait qu'il est à la fois juste et injustifié de réduire la *dénégation* à ce qu'elle dénie, au phantasme social qui est à son principe. Du fait que cette « *Aufhebung* du refoulement », comme dit Freud, d'un mot hégélien, nie et conserve à la fois le refoulement et aussi le refoulé, elle permet de cumuler tous les profits, le profit de dire et le profit de démentir ce qui est dit par la manière de le dire. Ainsi par exemple, l'opposition entre l'*Eigentlichkeit*, l'« authenticité », et l'*Uneigentlichkeit*, l'« inauthenticité », « modes cardinaux de l'être-là », comme dit Heidegger, autour desquels, du point de vue même des lectures les plus strictement internes, s'organise toute l'œuvre, est une retraduction particulière et particulièrement subtile de l'opposition commune entre l'« élite » et les « masses ». Tyrannique (« la dictature du on »), inquisiteur (le « on » se mêle de tout) et niveleur, le « on », *das Man*, le « commun », se dérobe aux responsabilités, se décharge de sa liberté : assisté qui vit par pro-curation, en irresponsable, il s'en remet à la société, ou à l'« Etat providence » qui, à travers notamment l'« assistance sociale » (*Sozialfürsorge*), prend soin de lui et se soucie à sa place de son avenir. Il faudrait recenser, tout au long de ce passage mille fois commenté[6], les lieux communs de l'aristocratisme universitaire, nourri de *topoi* sur l'*agora*, antithèse de la *scholè*, loisir-et-école : l'horreur de la statistique (c'est le thème de la « moyenne »), symbole de toutes les opérations de « nivellement » qui menacent la « personne » (ici nommée *Dasein*) et ses attributs les plus précieux, l'« originalité » et le « secret » ; la haine de toutes les forces « nivelantes », et sans doute au premier chef l'horreur des idéologies égalitaires qui menacent « ce qui a été conquis au prix de l'effort », c'est-à-dire la culture, capital spécifique du mandarin fils de ses œuvres, et qui encouragent la « frivolité » et la « facilité » des « masses » ; la révolte contre des mécanismes sociaux tels que ceux de l'opinion, ennemie héréditaire du

---

6. M. Heidegger, *Sein und Zeit, op. cit.*, pp. 126-127 (*L'Etre et le temps*, Paris, Gallimard, 1964, pp. 159-160). Le premier chiffre renverra dorénavant à l'édition allemande, le second à la traduction française quand elle existe.

philosophe, qui revient ici à travers les jeux sur *Öffentlichkeit* et *öffentlich*, « opinion publique » et « public », et contre tout ce que symbolise l'« assistance sociale », c'est-à-dire la démocratie, les partis, les congés payés (atteinte au monopole de la *scholè* et des méditations en forêt), la « culture de masse », la télévision et Platon en livre de poche [7]. Heidegger dira tout cela beaucoup mieux, dans son inimitable style *pastoral*, lorsque, dans son *Einführung in die Metaphysik*, composée en 1935, il voudra montrer comment le triomphe de l'esprit scientifico-technologique dans la civilisation occidentale s'achève et s'accomplit dans la « fuite des dieux, la destruction de la terre, la massification de l'homme, la primauté du médiocre » (*die Flucht der Götter, die Zerstörung der Erde, die Vermassung des Menschen, der Vorrang des Mittelmässigen*) [8].

Le jeu avec les formes sensibles du langage trouve son accomplissement lorsqu'il porte non sur des mots isolés, mais sur des couples de termes, c'est-à-dire sur des relations entre des termes antagonistes. A la différence des simples calembours philosophiques fondés sur l'assonance ou l'allitération, les jeux de mots « cardinaux », ceux qui orientent et organisent en profondeur la pensée, jouent avec les formes verbales en tant qu'elles sont à la fois formes sensibles et formes de classification. Ces formes totales, qui réconcilient les nécessités indépendantes du son et du sens dans le miracle d'une expression doublement nécessaire, sont la forme transformée d'un matériau linguistique déjà politiquement informé, c'est-à-dire informé selon des principes d'opposition objectivement politiques, qui est enregistré et conservé dans le langage ordinaire. La prédilection de toutes les langues savantes pour la *pensée par couples* ne s'explique pas autrement : ce qui est censuré et

---

[7]. Au moment où j'écrivais cela, je n'avais pas précisément en mémoire ce passage de l'essai sur le « dépassement de la métaphysique » (1936-1946) consacré à cet aspect du règne de la « technique » qu'est le « dirigisme littéraire » : « Les besoins en matières premières humaines sont, de la part de la mise en ordre à fin d'équipement, soumis aux mêmes régulations que les besoins en livres distrayants ou en poésie pour la confection desquels le poète n'est en rien plus important que l'apprenti relieur, lequel aide à relier les poésies pour une *bibliothèque d'entreprise* en allant par exemple tirer des réserves le carton nécessaire » (M. Heidegger, *Essais et conférences, op. cit.*, p. 110 ; c'est moi qui souligne).

[8]. Autre symptôme de cet aristocratisme, la coloration péjorative de tous les adjectifs qui servent à qualifier l'existence pré-philosophique : « inauthentique », « vulgaire », « quotidien », « public », etc.

refoulé, en ce cas, ce n'est pas un terme tabou pris à l'état isolé, mais une relation d'opposition entre des mots qui renvoie toujours à une relation d'opposition entre des positions sociales ou des groupes sociaux.

La langue ordinaire n'est pas seulement une réserve infinie de formes sensibles offertes aux jeux poétiques ou philosophiques ou, comme chez le dernier Heidegger et ses continuateurs, aux libres associations de ce que Nietzsche appelait une *Begriffsdichtung* ; elle est aussi un réservoir de formes de l'aperception du monde social, de lieux communs où sont déposés les principes de la vision du monde social communs à tout un groupe (germanique/*welsch* ou latin, ordinaire/distingué, etc.). La structure du monde social n'est jamais nommée et appréhendée qu'au travers de formes de classification qui, s'agirait-il de celles que véhicule le langage ordinaire, ne sont jamais indépendantes de cette structure (ce qu'oublient toutes les analyses *formalistes* de ces formes) : en effet, bien que les oppositions les plus « marquées » socialement (vulgaire/distingué) puissent recevoir des significations très différentes selon les usages et les utilisateurs, le langage ordinaire, produit du travail accumulé d'une pensée dominée par les rapports de force entre les classes, et à plus forte raison le langage savant, produit de champs hantés par les intérêts et les valeurs des dominants, sont en quelque sorte des idéologies primaires qui se prêtent « tout naturellement » à des usages conformes aux valeurs et aux intérêts des dominants[9]. A la faveur d'un usage métaphorique des dichotomies et des schèmes de la pensée ordinaire, la politique se convertit en ontologie. Mais la métaphore dans laquelle s'engendre cette métaphysique conduit non des choses visibles aux choses invisibles mais du contenu latent, et peut-être inconscient, au contenu déclaré du discours : transfert d'un espace à un autre, elle a pour fonction de réunir les deux espaces que la fausse coupure introduite par la thèse de la différence ontologique entendait séparer officiellement et de

---

9. Il est évident que la langue offre aux jeux idéologiques d'autres possibilités que celles qu'exploite Heidegger. C'est ainsi que le jargon politique dominant exploite principalement les virtualités d'ambiguïté et de malentendu qu'implique la multiplicité des usages de classe ou des usages spéciaux (liés à des champs spécialisés), tandis que l'usage religieux laisse jouer la polysémie liée à la diversité des catégories de perception des récepteurs.

faire en sorte que les oppositions originaires soient *conservées* et continuent à soutenir souterrainement le discours.

Entre esprits philosophiquement distingués, l'opposition entre le distingué et le vulgaire ne peut s'énoncer vulgairement : Heidegger a un sens trop aigu de la distinction philosophique pour que l'on puisse trouver dans son œuvre, et jusque dans ses écrits politiques, des thèses « naïvement » politiques ; et on n'en finira jamais de recenser les preuves de son intention de se démarquer des formes les plus marquées de l'idéologie nazie [10]. L'opposition que l'on pourrait appeler « primaire » — au double sens — ne se rencontrera plus au sein de l'œuvre que dans l'ordre hautement censuré des philosophèmes fonctionnant comme euphémismes qui ne cesseront de se transformer, au fur et à mesure de l'évolution immobile du système, pour revêtir des formes nouvelles, mais toujours hautement sublimées.

La mise en forme est, par soi, une mise en garde : elle dit, par sa hauteur, la distance souveraine à toutes les déterminations, s'agirait-il des concepts en -isme qui réduisent l'unicité irréductible d'une pensée à l'uniformité d'une classe logique ; distance aussi à tous les déterminismes, et tout spécialement aux déterminismes sociaux, qui réduisent la singularité irremplaçable d'un penseur à la banalité d'une classe. C'est cette distance, cette *différence*, qui se trouve instituée explicitement au cœur du discours philosophique au travers de l'opposition entre l'ontologique et l'ontique (ou l'anthropologique) et qui fournit au discours déjà euphémisé une seconde défense, imprenable celle-là : chaque mot porte désormais la trace ineffaçable de la *coupure* qui sépare le sens authentiquement ontologique du sens ordinaire et vulgaire et qui s'inscrit parfois dans la substance signifiante, par un de ces jeux phonologiques si souvent imités depuis (*existentiell/existential*).

Le double jeu avec des mots dédoublés trouve un prolongement naturel dans les mises en garde contre les lectures « vulgai-

---

10. On pense par exemple aux développements sur le biologisme (cf. M. Heidegger, *Nietzsche,* Paris, Gallimard, 1961, spécialement t. II, p. 247), qui ne sont d'ailleurs pas exclusifs de la présence dans le système d'une forme sublimée de *Lebensphilosophie* (sous la forme de la théorie de l'être comme émergence historique, qui, à la façon de l'évolution créatrice bergsonienne, trouve son moteur dans le Dieu sans attributs d'une théologie négative).

res » et « vulgairement » « anthropologiques » qui ramèneraient au grand jour les significations déniées mais non reniées et vouées par la sublimation philosophique à la présence absente d'une existence fantômale : « Sous le titre de préoccupation, on vise d'abord une *signification préscientifique* qui pourra être, par exemple, exécuter quelque chose, liquider ou régler une affaire. On peut aussi parler de préoccupation pour dire qu'on attend une occasion de se procurer quelque chose. Enfin, cette même expression se retrouve encore dans cette tournure caractéristique : je suis préoccupé d'un échec possible de cette entreprise. Etre préoccupé a ici le sens de craindre. *En opposition à ces significations préscientifiques et ontiques*, le présent travail *en use comme d'un terme ontologique (existential)* qui caractérise l'être d'un être-au-monde possible. Il n'a pas été fait choix de ce titre parce que l'être-là aurait de prime abord et dans une large mesure une réalité économique et pratique, mais parce qu'on veut rendre manifeste que l'être de l'être-là lui-même est souci (*Sorge*). A son tour, ce terme s'entend comme un concept désignant une *structure ontologique*. Le mot *ne fait aucune allusion* aux "difficultés", aux "ennuis" et aux "soucis d'existence" qu'*ontiquement* on peut découvrir en tout être-là [11]. »

> Ces stratégies de mise en garde auraient pu éveiller les soupçons des lecteurs français, s'ils n'avaient été placés dans des conditions de réception telles qu'ils avaient très peu de chances d'entendre les connotations cachées que récuse d'avance Heidegger (d'autant que les traductions les « suppriment » systématiquement au nom de la coupure entre l'ontique et l'ontologique). En effet, aux obstacles qu'oppose à l'analyse une œuvre qui est le produit de stratégies d'euphémisation aussi systématiques s'ajoute en ce cas un des effets les plus pernicieux de l'exportation des produits culturels, la disparition de tous les signes subtils de l'appartenance sociale ou politique, de toutes les marques, souvent très discrètes, de l'importance sociale du discours et de la position intellectuelle de son auteur, bref, de tous ces infiniment petits du discours dont l'indigène est évidemment la première victime mais qu'il peut mieux que quiconque appréhender, dès qu'il dispose de

---
11. M. Heidegger, *Sein und Zeit, op. cit.*, pp. 56-57 (trad. fr., pp. 78-79).

techniques d'objectivation. On pense par exemple à toutes les connotations « administratives » qu'Adorno (*Jargon der Eigentlichkeit, Zur deutschen Ideologie*, Francfort, Suhrkamp, 1964, pp. 66-70) découvre sous les termes « existentiels » de « rencontre » (*Begegnung*), d'entretien, ou sous les mots *Auftrag* (mission) et *Anliegen*, éminemment ambigu, à la fois objet d'une demande administrative et désir qui tient à cœur, qui étaient déjà l'objet d'un usage détourné dans la poésie de Rilke.

L'imposition d'une coupure tranchée entre le sacré et le profane qui est constitutive de la prétention de tout corps de spécialistes à s'assurer le monopole d'un savoir ou d'une pratique sacrée en constituant les autres comme profanes prend ainsi une forme originale : partout présente, elle divise en quelque sorte chaque mot contre lui-même en lui faisant signifier qu'il ne signifie pas ce qu'il semble signifier, en inscrivant en lui, par des guillemets ou par une altération de la substance signifiante elle-même, quand ce n'est pas par le simple rattachement étymologique ou phonologique à un ensemble lexical, la distance qui sépare le sens « authentique » du sens « vulgaire » ou « naïf »[12]. En discréditant les significations premières qui continuent à fonctionner comme support caché de nombre des relations constitutives du système patent, on se donne la possibilité de porter le double jeu, si l'on peut dire, au second degré. En effet, malgré l'anathème qui les frappe, ces significations déniées remplissent encore une fonction philosophique, puisqu'elles jouent au moins le rôle de référent négatif par rapport auquel se marque la distance philosophique, et sociale, qui sépare l'« ontologique » de l'« ontique », c'est-à-dire l'initié du profane, seul responsable, dans son inculture ou sa perversion, de l'évocation coupable des significations vulgaires. Utiliser autrement les mots de tout le monde, réactiver la vérité subtile, l'*etumon*, que la routine de l'usage ordinaire laisse échapper, c'est faire du juste rapport aux mots le principe de la réussite ou de l'échec de l'alchimie philologico-philosophique : « Si un alchimiste, non initié de cœur et d'âme, échoue

---

12. On comprendra, dans la même logique, l'usage que la variante marxiste du prophétisme sacerdotal fait aujourd'hui de la « coupure épistémologique », sorte de passage initiatique, accompli une fois et une fois pour toutes, de la frontière une fois pour toutes tracée entre la science et l'idéologie.

dans ses expériences, c'est non seulement parce qu'il utilise des éléments grossiers, mais surtout parce qu'il pense avec les *propriétés* communes de ces éléments grossiers et non pas avec les *vertus* des éléments idéaux. Ainsi, une fois opéré le dédoublement complet et absolu, nous sommes en pleine expérience d'*idéalité*[13]. » Le langage a, lui aussi, ses éléments subtils que la subtilité philologico-philosophique libère, telle la dualité grammaticale du mot grec *on*, à la fois substantif et forme verbale, qui fait dire à Heidegger : « Ce qui, ainsi présenté, a d'abord l'air d'une subtilité grammaticale, cela est en vérité l'énigme de l'être[14]. »

C'est ainsi que, confiant dans l'efficacité de la dénégation philosophique, on peut aller jusqu'à rappeler les significations censurées et tirer un effet supplémentaire du renversement complet de la relation entre le système patent et le système caché que provoque ce *retour du refoulé* : comment ne pas voir en effet la meilleure attestation de la puissance de la « pensée essentielle » dans son aptitude à fonder dans l'être des réalités aussi dérisoirement contingentes que la « sécurité sociale » — et si indignes de la pensée qu'on ne les nomme qu'entre guillemets[15] ? C'est ainsi que, dans ce « monde renversé » où l'événement n'est jamais que l'illustration de l'« essence », le fondement vient à être fondé par ce qu'il fonde[16]. « L'assistance (*Fürsorge*), comme on parle en fait de l'"assistance sociale", par exemple, se fonde sur la constitution ontologique de l'être-là

---

13. G. Bachelard, *Le matérialisme rationnel,* Paris, P.U.F., 1963, p. 59.
14. M. Heidegger, *Chemins qui ne mènent nulle part,* Paris, Gallimard, 1962, p. 281.
15. Pour un autre exemple, spécialement caricatural, de la toute-puissance de la « pensée essentielle », on pourra lire le texte de la conférence de 1951, « Bâtir, habiter, penser » (M. Heidegger, *Essais et conférences, op. cit.*, p. 193), où la crise du logement est « dépassée » vers la crise du sens ontologique de l'« habiter ».
16. Cet effet typiquement « philosophique » est prédisposé à être indéfiniment reproduit, dans toutes les rencontres entre les « philosophes » et les « profanes », en particulier les spécialistes des disciplines positives, enclins à reconnaître la hiérarchie sociale des légitimités qui confère au philosophe la position de *dernière instance*, culminante et « fondative » à la fois. Ce « coup » professoral trouvera bien sûr son meilleur emploi dans les usages « professoraux » : le texte philosophique, produit d'une *ésotérisation*, sera *exotérisé* au prix d'un travail de commentaire que son ésotérisme rend indispensable et qui trouve ses meilleurs effets dans les (fausses) concrétisations procédant, par une démarche inverse de la (fausse) coupure, à la réactivation du sens premier, initialement euphémisé et ainsi ésotérisé, mais avec tout un accompagnement de *mises en garde* (« ce n'est qu'un exemple »), destinées à maintenir la distance initiatique.

comme être-avec-autrui. L'urgence empirique de *L'"assistance sociale"* est motivée par le fait que l'être-là demeure de prime abord et le plus souvent dans des modes déficients de l'assistance [17]. » La référence voyante et invisible, invisible à force d'être voyante, contribue à masquer que *l'on n'a jamais cessé de parler d'assistance sociale* dans tout un ouvrage *officiellement* consacré à une propriété ontologique de l'être-là dont le « besoin empirique » (c'est-à-dire ordinaire, vulgaire, banal) d'assistance n'est qu'une manifestation événementielle. « Pourquoi me mens-tu en me disant que tu vas à Cracovie pour que je croie que tu vas à Lemberg, alors qu'en réalité c'est à Cracovie que tu vas ? » Offrant une parfaite illustration du paradigme de la lettre volée, que Lacan illustre par cette histoire [18], le discours euphémisé tend à faire accroire, en proclamant ce qu'il dit vraiment, qu'il ne dit pas vraiment ce qu'il n'a jamais cessé de dire. Il n'y a pas de doute en effet : l'assistance sociale, *Sozialfürsorge*, est bien ce qui « se soucie pour » les assistés et « à leur place », ce qui les décharge du souci d'eux-mêmes, les autorisant ainsi à l'insouciance, à la « facilité » et à la « frivolité », tout comme la *Fürsorge* philosophique, variante sublime de la précédente, décharge le *Dasein* du souci ou, comme le disait (ou aurait pu le dire) le Sartre de 1943, libère le Pour-soi de la liberté, le vouant ainsi à la « mauvaise foi » et à « l'esprit de sérieux » de l'existence « inauthentique ». « Le "on" (c'est-à-dire celui qui s'est abandonné à l'*assistance* des autres) est donc celui qui, dans l'existence quotidienne, *décharge* l'être-là. Ce n'est pas tout ; en déchargeant ainsi l'être-là de son être, le "on" se complaît à la tendance qui pousse celui-ci à la *frivolité* et à la *facilité*. Cette complaisance permet au "on" de conserver, voire d'accroître, un empire obstiné [19]. »

Tout est mis en œuvre pour interdire comme indécente ou ignorante toute tentative pour exercer sur le texte la *violence* dont Heidegger lui-même reconnaît la légitimité lorsqu'il l'ap-

---

17. M. Heidegger, *Sein und Zeit*, op. cit., p. 121 (trad. fr., p. 153 ; c'est moi qui souligne).
18. J. Lacan, *Ecrits*, Paris, Seuil, 1966, pp. 11-61.
19. M. Heidegger, *Sein und Zeit*, op. cit., pp. 127-128 (trad. fr., p. 160 ; souligné par moi). Le style « philosophique » heideggérien étant la somme d'un petit nombre d'effets indéfiniment répétés, on a préféré les saisir à l'échelle d'un seul et même passage — l'analyse de l'assistance — où ils se trouvent tous concentrés et qu'il faudrait relire d'une traite pour voir comment ils s'articulent pratiquement en un discours.

plique à Kant, et qui seule permet de « saisir au-delà des mots ce que ces mots veulent dire ». Toute exposition de la pensée originaire qui refuse la paraphrase inspirée de l'idiolecte intraduisible est condamnée d'avance aux yeux des gardiens du dépôt[20]. La seule manière de dire ce que *veulent dire* des mots qui ne disent jamais naïvement ce qu'ils disent, ou, ce qui revient au même, qui le disent toujours mais seulement de manière non naïve, consiste à réduire l'irréductible, à traduire l'intraduisible, à dire ce qu'ils veulent dire dans la forme naïve qu'ils ont précisément pour fonction première de nier. L'« authenticité » ne désigne pas naïvement la propriété exclusive d'une « élite » sociale, elle indique une possibilité universelle — comme l'« inauthenticité » — mais qui n'appartient réellement qu'à ceux qui parviennent à se l'approprier en l'appréhendant comme telle et en se rendant capables de « s'arracher » à l'« inauthenticité », sorte de péché originel, ainsi converti, par la conversion de quelques-uns, en faute responsable d'elle-même. C'est ce que dit en toute clarté Jünger : « Avoir son destin propre, ou se laisser traiter comme un numéro : tel est le dilemme que chacun, certes, doit résoudre de nos jours, mais est *seul* à pouvoir trancher (...). Nous voulons parler de l'homme libre, tel qu'il sort des mains de Dieu. Il n'est pas l'exception, ni ne représente une élite. Loin de là : car il se cache en tout homme et les différences n'existent que dans la mesure où chaque individu sait actualiser cette liberté qu'il a reçue en don[21]. » Egaux en liberté, les hommes sont inégaux dans la capacité d'user authentiquement de leur liberté et seule une « élite » peut s'approprier les possibilités universellement offertes d'accéder à la liberté de l'« élite ». Ce volontarisme éthique — que Sartre poussera à sa limite — convertit la dualité objective des destins sociaux en une dualité des rapports à l'existence,

---

20. A la limite, il n'est pas de mot qui ne soit ainsi un hapax intraduisible : ainsi par exemple, le mot « métaphysique » n'a pas chez Heidegger le sens qu'il a chez Kant, ni chez le deuxième Heidegger le sens qu'il a chez le premier. Sur ce point, Heidegger ne fait que pousser jusqu'à sa limite une propriété essentielle de l'usage philosophique du langage : la langue philosophique comme somme d'idiolectes à intersections partielles ne peut être adéquatement utilisée que par des locuteurs capables de référer chaque mot à l'idiolecte dans lequel il prend le sens qu'ils entendent lui donner (« au sens de Kant »).

21. E. Jünger, *Traité du rebelle, op. cit.*, pp. 47-48. (On trouvera à la p. 66 une référence évidente, bien qu'implicite, à Heidegger).

faisant de l'existence authentique « une modification existentielle » de la manière ordinaire d'appréhender l'existence quotidienne, c'est-à-dire, en clair, une révolution en pensée[22]. Faire commencer l'authenticité avec l'appréhension de l'inauthenticité, avec le moment de vérité où le *Dasein* se découvre dans l'angoisse comme projetant l'ordre dans le monde par sa décision, sorte de « bond » (kierkegaardien) dans l'inconnu[23], ou, à l'opposé, décrire la réduction de l'homme à l'état d'instrument comme une autre « manière d'appréhender l'existence quotidienne », celle du « on » qui, se considérant comme un instrument, « se souciant » d'instruments en tant qu'ils sont instrumentaux, devient instrument, s'adapte aux autres comme un instrument s'adapte à d'autres instruments, remplit une fonction que d'autres pourraient remplir aussi bien et, ainsi réduit à l'état d'élément interchangeable d'un groupe, s'oublie lui-même comme l'instrument s'abolit dans l'accomplissement de sa fonction, c'est réduire la dualité objective des conditions sociales à la dualité de modes d'existence qu'elles favorisent, à l'évidence, très inégalement ; c'est, du même coup, tenir ceux qui s'assurent l'accès à l'existence « authentique » comme ceux qui « s'abandonnent » à l'existence « inauthentique » pour responsables de ce qu'ils sont, les uns par leur « résolution »[24] qui les arrache à l'existence ordinaire pour leur ouvrir les possibles, les autres par leur « démission » qui les voue à la « déchéance » et à l'« assistance sociale ».

---

22. « L'ipséité authentique ne repose sur aucune *situation d'exception* qui adviendrait à un sujet libéré de l'emprise du "on" ; elle ne peut être qu'une modification existentielle du "on", qui a été défini comme un existential essentiel » (M. Heidegger, *Sein und Zeit, op. cit.*, p. 130 (trad. fr., p. 163), et aussi p. 179 (trad. fr., p. 220).
23. M. Heidegger, *Sein und Zeit, op. cit.*, pp. 295-301 et 305-310.
24. M. Heidegger, *Sein und Zeit, op. cit.*, pp. 332-333, 337-388 et 412-413.

chapitre 5
la lecture interne et le respect des formes

La « hauteur » stylistique n'est pas une propriété accessoire du discours philosophique. Elle est ce par quoi le discours s'annonce comme un discours autorisé qui, en vertu même de sa conformité, se trouve investi de l'autorité d'un corps spécialement mandaté pour assurer une sorte de magistère théorique (à dominante logique ou éthique selon les auteurs et selon les époques). Dans le discours savant comme dans le parler ordinaire, les styles sont hiérarchisés et hiérarchisants. A un penseur, et de haut rang, convient un langage de haute volée : c'est ce qui fait que le « pathos sans style » du discours de 1933 est si inconvenant aux yeux de tous ceux qui ont le sens de la dignité philosophique, c'est-à-dire de leur dignité de philosophes ; les mêmes qui saluent comme un événement philosophique le pathos philosophiquement stylé de *Sein und Zeit*[1].

C'est par la « hauteur » stylistique que se rappellent et le rang d'un discours et le respect dû à son rang. On ne traite pas une phrase telle que « la vraie crise de l'habitation réside en ceci que les mortels en sont toujours à chercher l'être de l'habitation et qu'il leur faut d'abord apprendre à habiter »[2] comme on traiterait un propos du langage ordinaire, tel que « La crise du logement s'aggrave », ou même une proposition du langage scientifique telle que « A Berlin, sur la Hausvogteiplatz, un quartier d'affaires, la valeur du mètre carré du sol, qui était de 115 marks en 1865, s'élevait à 344 marks en 1880 et à 990 marks en 1895 »[3]. En tant que discours *en forme*, le discours philoso-

---

1. J. Habermas, « Penser avec Heidegger contre Heidegger », *Profils philosophiques et politiques, op. cit.*, pp. 90-100.
2. M. Heidegger, *Essais et conférences, op. cit.*, p. 193.
3. M. Halbwachs, *Classes sociales et morphologie*, Paris, Ed. de Minuit, 1972, p. 178. Il va de soi qu'une telle phrase est d'avance exclue de *tout* discours philosophique qui *se respecte* : le sens de la distinction entre le « théorique » et l'« empirique » est en effet une dimension fondamentale du sens de la distinction philosophique.

phique impose les normes de sa propre perception. La mise en forme qui tient le profane à distance respectueuse protège le texte contre la « trivialisation » — comme dit Heidegger — en le vouant à une *lecture interne*, au double sens de lecture cantonnée dans les limites du texte lui-même et, inséparablement, réservée au groupe fermé des professionnels de la lecture qui accepte comme allant de soi la définition « internaliste » de la lecture : il suffit d'interroger les usages sociaux pour voir que le texte philosophique se définit comme ce qui ne peut être lu (en fait) que par des « philosophes », c'est-à-dire par des lecteurs d'avance convertis, prêts à reconnaître — au double sens — le discours philosophique et à le lire comme il demande à être lu, c'est-à-dire « philosophiquement », selon une intention pure et purement philosophique, excluant toute référence à autre chose que le discours lui-même qui, étant à lui-même son fondement, n'a pas d'extérieur.

Le cercle institutionnalisé de la méconnaissance collective qui fonde la croyance dans la valeur d'un discours ne s'instaure que lorsque la structure du champ de production et de circulation de ce discours est telle que la *dénégation* qu'il opère en ne disant ce qu'il dit que sous une forme tendant à montrer qu'il ne le dit pas rencontre des interprètes capables de *re-méconnaître* le contenu qu'il dénie ; lorsque ce que la forme nie est re-méconnu, c'est-à-dire connu et reconnu dans la forme et dans la forme seulement où il s'accomplit en se niant. Bref, un discours en forme appelle une lecture formelle (ou formaliste) qui reconnaît et reproduit la dénégation initiale, au lieu de la nier pour dé-couvrir ce qu'elle nie. La violence symbolique qu'enferme tout discours idéologique en tant que méconnaissance appelant la re-méconnaissance ne s'exerce que dans la mesure où il parvient à obtenir de ses destinataires qu'ils le traitent comme il demande à être traité, c'est-à-dire avec tout le respect qu'il mérite, dans les formes, en tant que forme. Une production idéologique est d'autant plus réussie qu'elle est plus capable de *mettre dans son tort* quiconque tente de la *réduire* à sa vérité objective : l'énonciation de la vérité cachée du discours fait scandale parce qu'elle dit ce qui était « la dernière chose à dire ».

Il est remarquable que Heidegger, dont on sait avec quel acharnement il récuse et réfute toutes les lectures externes ou réductrices de son œuvre (lettre à Jean Wahl, à Jean Beaufret, à un étudiant, à Richardson, entretien avec un philosophe japonais, etc.), n'hésite pas à employer contre ses concurrents (Sartre, dans le cas particulier) des arguments d'un « sociologisme grossier » : c'est ainsi que, pour les besoins de la cause, il restitue au thème de la « dictature de la publicité » (*Lettre sur l'humanisme,* Paris, Aubier, 1964, pp. 35 et 39) le sens proprement *social* (sinon sociologique) qu'il avait indubitablement dans *Sein und Zeit,* cela dans un passage où il s'emploie précisément à établir que l'« analytique existentiale » du « on » « n'a nullement pour objet d'apporter *seulement* au passage une contribution à la sociologie » (p. 41). Cette réutilisation de Heidegger I par Heidegger II témoigne (avec aussi le « seulement » de la phrase citée) que Heidegger II n'a rien renié du Heidegger I.

Les stratégies symboliques les plus raffinées ne peuvent jamais produire complètement les conditions de leur propre réussite et elles seraient vouées à l'échec si elles ne pouvaient compter sur la complicité agissante de tout un corps de défenseurs de l'orthodoxie qui orchestre, en l'amplifiant, la condamnation initiale des lectures réductrices [4]. C'est ainsi que *La lettre sur l'humanisme,* la plus marquante et la plus souvent citée de toutes les interventions destinées à manipuler stratégiquement la relation entre le système patent et le système latent et, par là, l'image publique de l'œuvre, a fonctionné comme une sorte de lettre pastorale, matrice infinie de commentaires permettant aux simples vicaires de l'Etre de reproduire à leur propre compte la mise à distance inscrite dans chacune des mises en garde magistrales et de se placer ainsi du bon côté de la frontière entre les initiés et les profanes. A mesure que la divulgation progresse,

---

4. Ce n'est pas le sociologue qui importe le langage de l'orthodoxie : « Le destinataire de la "Lettre sur l'humanisme" combine une intuition profonde de Heidegger avec un extraordinaire don de langage, qualités qui font de lui *l'interprète le plus autorisé* de Heidegger en France » (W.J. Richardson, *op. cit.*, p. 684, à propos d'un article de J. Beaufret). Ou encore : « Cette étude pleine de sympathie [de Albert Dondeyne] orchestre l'idée que la différence ontologique est un point de référence unique dans tout l'effort de Heidegger. Mais tous *les heideggériens de stricte observance* ne seront pas satisfaits, sans doute, de la formule concernant la relation de Heidegger à "la grande tradition de la *philosophia perennis*" » (*ibid.* ; c'est moi qui souligne).

par cercles de plus en plus larges, auto-interprétations, commentaires inspirés, thèses savantes, ouvrages d'initiation et enfin manuels, à mesure que l'on descend dans la hiérarchie des interprètes et que décline la hauteur des paraphrases, le discours exotérique tend à retourner à sa vérité, mais, comme dans les philosophies émanatistes, la diffusion s'accompagne d'une perte de valeur, sinon de substance, et le discours « trivialisé » et « vulgarisé » porte la marque de sa dégradation, contribuant ainsi à rehausser encore la valeur du discours original ou originaire.

Il suffit à Heidegger d'affirmer que « la philosophie est *essentiellement* inactuelle parce qu'elle appartient à ces rares choses dont le destin est de ne jamais pouvoir rencontrer une résonance immédiate dans leur propre aujourd'hui, et de ne jamais non plus avoir le droit d'en rencontrer une »[5], ou encore qu'« il appartient à l'essence des philosophes authentiques qu'ils soient nécessairement méconnus de leurs contemporains »[6], pour que tous les commentateurs reprennent aussitôt : « Il est dans la destinée de toute pensée philosophique, quand elle dépasse un certain degré de fermeté et de rigueur, d'être mal comprise par les contemporains qu'elle met à l'épreuve. Classer comme apôtre du pathétique, promoteur du nihilisme, adversaire de la logique et de la science, un philosophe qui a eu pour préoccupation unique et constante le problème de la vérité, c'est bien un des plus étranges travestissements dont la légèreté d'une époque a pu se rendre coupable[7]. » « Sa pensée se présente comme quelque chose d'étranger à notre temps et à tout ce qui y est d'actualité[8]. »

Les relations qui s'instaurent entre l'œuvre de grand interprète et les interprétations ou les sur-interprétations qu'elle *appelle*, ou entre les auto-interprétations destinées à corriger et à prévenir les interprétations malheureuses ou malveillantes et à légitimer les interprétations conformes, sont tout à fait sem-

---

5. M. Heidegger, *Introduction à la métaphysique*, op. cit., p. 15.
6. M. Heidegger, *Nietzsche*, Paris, Gallimard, 1983, I, p. 213. L'œuvre, dit quelque part Heidegger, « échappe à la biographie » qui ne peut que « donner un nom à quelque chose qui n'appartient à personne ».
7. J. Beaufret, *Introduction aux philosophies de l'existence. De Kierkegaard à Heidegger*, Paris, Denoël-Gonthier, 1971, p. 111-112.
8. O. Pöggeler, *La pensée de M. Heidegger*, Paris, Aubier-Montaigne, 1963, p. 18.

blables — à l'humour près — à celles qui, depuis Duchamp, s'instaurent entre l'artiste et le corps des interprètes : la production, dans les deux cas, enferme l'anticipation de l'interprétation et, par une sorte de double jeu avec les interprètes, attire la sur-interprétation, tout en se réservant la possibilité de la récuser, au nom de l'inexhaustibilité essentielle de l'œuvre, qui peut incliner, indifféremment, à accepter ou à rejeter toutes les interprétations, par un effet de la transcendance du pouvoir créateur, qui s'affirme aussi comme un pouvoir de critique et d'auto-critique [9]. La philosophie de Heidegger est sans doute le premier et le plus accompli des *ready made* philosophiques, œuvres *faites pour* être interprétées et *faites par* l'interprétation ou, plus exactement, par l'interaction entre un interprète qui procède nécessairement *par excès* et un producteur qui, par ses démentis, ses retouches, ses corrections, maintient entre l'œuvre et toutes les interprétations un écart infranchissable [10].

L'analogie est moins artificielle qu'il ne paraît à première vue : en établissant que le sens de la « différence ontologique » qui sépare sa pensée de toute la pensée antérieure [11] est aussi ce qui sépare des interprétations authentiques les interprétations « vulgaires », infra-ontologiques et naïvement « anthropologiques » (comme l'est, selon lui, celle de Sartre), Heidegger met son œuvre hors de prise et condamne à l'avance toute lecture qui, intentionnellement ou non, s'en tiendrait au sens vulgaire et qui réduirait par exemple l'analyse de l'existence « inauthentique » à une description « sociologique », comme l'ont fait certains interprètes bien intentionnés, mais mal inspirés, et comme le fait aussi le sociologue, mais avec une intention tout autre. Poser, dans l'œuvre même, la distinction entre deux

---

9. On peut de ce point de vue rapprocher telle interview de Marcel Duchamp (paru dans *VH 101*, 3, automne 1970, pp. 55-61) et *La lettre sur l'humanisme*, avec ses innombrables démentis ou mises en garde, ses jeux rusés avec l'interprète, etc.

10. Le souci de l'ouverture, condition d'*inexhaustibilité*, est aussi très visible dans les stratégies de publication : on sait que Heidegger ne publiait qu'avec réticence, par petites quantités et en les échelonnant dans le temps, les cours qu'il professait. Ce souci de ne jamais livrer une pensée définitive ne s'est jamais démenti, depuis *Sein und Zeit* publié en 1927 en tant que fragment et jamais achevé, jusqu'à l'édition de ses Œuvres complètes à laquelle il a collaboré et où les textes sont assortis de commentaires marginaux.

11. On objectera que cette « prétention » est elle-même démentie dans *La lettre* (*Sur l'humanisme, op. cit.*, p. 95), ce qui ne l'empêche pas de s'affirmer à nouveau un peu plus loin (p. 111).

lectures de l'œuvre, c'est se mettre en mesure d'obtenir du lecteur conforme que, devant les calembours les plus déconcertants ou les platitudes les plus criantes, il retourne contre lui-même les mises en garde magistrales, ne comprenant que trop, mais soupçonnant l'authenticité de sa compréhension et s'interdisant de juger une œuvre une fois pour toutes instaurée en mesure de sa propre compréhension.

> Voici, en passant, un remarquable exemple de surenchère interprétative qui conduit à mobiliser toutes les ressources accumulées par l'internationale des interprètes pour échapper au simplisme d'avance dénoncé par un jeu de mots magistral : « *In English this term [errance] is an artefact with the following warrant : the primary sense of the Latin* errare *is "to wander", the secondary sense "to go astray" or "to err", in the sense of "to wander from the right path". This double sense is retained in the French* errer. *In English, the two senses are retained in the adjectival form, "errant" : the first sense ("to wander") being used to describe persons who wander about searching for adventure (vg. "knights errant"); the second sense signifying "deviating from the true or correct", "erring". The noun form, "errance", is not justified by normal English usage, but we introduce it ourselves (following the example of the French translators, pp. 96 ff.), intending to suggest both nuances of "wandering about" and of "going astray" ("erring") »* the former the fundament of the latter. This seems to be faithful to the author's intentions *and* to avoid as much as possible the simplest interpretations *that would spontaneously arise by translating as "error"* » (W.J. Richardson, *op. cit.*, p. 224, n. 29, souligné par moi; cf. aussi p. 410, sur la distinction entre *poesy* et *poetry*).

Cautions, autorités, garants, les textes sont naturellement l'enjeu de stratégies qui, en ces domaines, ne sont efficaces que si elles se dissimulent comme telles, et d'abord — c'est la fonction de la croyance — aux yeux de leurs propres auteurs; la participation au capital symbolique qui leur est attaché a pour contrepartie le respect des convenances qui définissent en chaque cas, selon la distance objective entre l'œuvre et l'interprète, le style de la relation qui s'établit entre eux. Il faudrait analyser plus complètement, en chaque cas singulier, ce que sont les intérêts spécifiques de l'interprète, découvreur, porte-parole attitré, commentateur inspiré ou simple répétiteur, selon la position relative que l'œuvre interprétée et l'interprète occupent au moment considéré dans leurs hiérarchies respectives; et déterminer en quoi et comment ils orientent l'interprétation. Ainsi, on aurait sans doute beaucoup de peine à comprendre une position en apparence aussi paradoxale que celle des heideggériano-marxistes français, qui ont pour ancêtres Marcuse [12] et Hobert [13], sans prendre en compte le fait que l'entreprise heideggérienne de dédouanement venait au-devant des attentes de ceux d'entre les marxistes qui étaient les plus soucieux aussi de se dédouaner en associant la plus prestigieuse des philosophies du moment à la *plebeia philosophia* par excellence, alors fort suspecte de « trivialité ». De toutes les manœuvres qu'enferme *La lettre sur l'humanisme* [14], aucune ne pouvait toucher les marxistes « distingués » aussi efficacement que la stratégie du second degré consistant à réinterpréter par référence à un contexte politique nouveau, qui imposait le langage du « dialogue fructueux avec le marxisme », la stratégie typiquement heideggérienne du (faux) *dépassement par la radicalisation* que le premier Heidegger dirigeait contre le concept marxiste d'*aliénation* (*Entfremdung*) : « l'ontologie fondamentale » qui fonde l'« expérience de l'aliénation » telle que la décrit Marx (c'est-à-dire de manière encore trop « anthropologique ») dans l'aliénation fondamentale de l'homme, la plus radicale qui soit, c'est-à-dire l'oubli de la vérité de l'Etre, ne représente-t-elle pas le *nec plus ultra* du radicalisme [15] ?

Il suffit de relire les arguments, souvent stupéfiants, par lesquels Jean Beaufret, Henri Lefebvre, François Châtelet et

---

12. H. Marcuse, « Beiträge zur Phänomenologie des historischen Materialismus », in *Philosophische Hefte*, I, 1928, pp. 45-68.
13. C. Hobert, *Das Dasein im Menschen*, Zeulenroda, Sporn, 1937.
14. Voir in M. Heidegger, *Lettre sur l'humanisme*, *op. cit.*, pp. 61, 67, 73, le démenti de la lecture « existentialiste » de *Sein und Zeit* ; p. 81, le démenti de l'interprétation des concepts de *Sein und Zeit* comme « sécularisation » de concepts religieux ; p. 83, le démenti de la lecture « anthropologique » ou « morale » de l'opposition entre l'authentique et l'inauthentique ; pp. 97-98, le démenti, un peu appuyé, du « nationalisme » des analyses de la « patrie » (*Heimat*), etc.
15. Cf. M. Heidegger, *Lettre sur l'humanisme*, *op. cit.*, pp. 101-103.

Kostas Axelos [16] justifient l'identification qu'ils opèrent entre Marx et Heidegger pour se convaincre que cette combinaison philosophique inattendue doit peu aux raisons strictement « internes » : « J'ai été *enchanté* et pris par une vision — ce mot n'est pas très juste — d'autant plus saisissante qu'elle *contrastait avec la trivialité* de la plupart des textes philosophiques parus depuis des années » (H. Lefebvre). « Il n'y a *pas antagonisme* entre la vision cosmique-historique de Heidegger et la conception historique-pratique de Marx » (H. Lefebvre) ; « Le fonds commun existant entre Marx et Heidegger, ce qui les lie pour moi, c'est notre époque même, celle de la civilisation industrielle hautement avancée et de la mondialisation de la technique (...). Les deux penseurs ont en somme en commun au moins le même objet. (...) Cela *les distingue des sociologues par exemple* qui en analysent les manifestations particulières, ici ou là » [17] (F. Châtelet). « Marx et Heidegger font tous deux preuve d'une *radicalité* dans la mise en question du monde, d'une même *critique radicale* du passé et d'un commun souci d'une préparation de l'avenir planétaire » (K. Axelos) ; « Heidegger se propose essentiellement de nous aider à entendre ce que dit Marx » (J. Beaufret) ; « L'impossibilité d'être nazi ne fait qu'un avec le revirement de *Sein und Zeit* en *Zeit und Sein*. Si *Sein und Zeit* n'a pas préservé Heidegger du nazisme, c'est *Zeit und Sein* qui n'est pas un livre, mais la somme de ses méditations depuis 1930 et de ses publications depuis 1946, qui l'en a éloigné sans retour » (J. Beaufret) ; « Heidegger est *bel et bien matérialiste* » (H. Lefebvre) ; « Heidegger, avec un style très différent, *continue l'œuvre de Marx* » (F. Châtelet).

Les intérêts spécifiques des interprètes et la logique même du champ qui porte vers les œuvres les plus prestigieuses les lecteurs les plus enclins et les plus aptes à l'oblation herméneutique ne suffisent pas à expliquer que la philosophie heideggérienne ait pu être reconnue un moment, dans les secteurs les plus différents du champ philosophique, comme l'accomplisse-

---

16. K. Axelos, *Arguments d'une recherche*, Paris, Ed. de Minuit, 1969, pp. 93 sq., souligné par moi ; cf. aussi K. Axelos, *Einführung in ein künftiges Denken über Marx und Heidegger* (Introduction à une pensée future sur Marx et Heidegger), Tübingen, Max Niemeyer Verlag, 1966.
17. On voit ici à l'œuvre, c'est-à-dire dans sa vérité pratique, le schème de la « différence ontologique » entre l'Etre et les étants : est-ce par hasard qu'il surgit naturellement lorsqu'il s'agit de marquer les distances et de rétablir les hiérarchies, entre la philosophie et les sciences sociales en particulier ?

ment le plus *distingué* de l'intention philosophique. Ce destin social ne pouvait s'accomplir que sur la base d'une affinité préalable des dispositions renvoyant elle-même à la logique du recrutement et de la formation du corps des professeurs de philosophie, à la position du champ philosophique dans la structure du champ universitaire et du champ intellectuel, etc. L'aristocratisme petit-bourgeois de cette « élite » du corps professoral qu'étaient, au moins en France, les professeurs de philosophie, souvent issus des couches inférieures de la petite bourgeoisie et parvenus à force de prouesses scolaires au sommet de la hiérarchie des disciplines littéraires, au coin de folie du système scolaire, à l'écart du monde et de tout pouvoir sur le monde, ne pouvait qu'entrer en résonance avec ce produit exemplaire d'une disposition homologue.

Les effets en apparence les plus spécifiques du langage heideggérien, notamment tous les effets constitutifs de la *rhétorique molle de l'homélie*, variation sur les mots d'un texte sacré fonctionnant comme matrice d'un commentaire infini et insistant, orienté par la volonté d'épuiser un sujet par définition inépuisable, ne sont que la limite exemplaire, donc la légitimation absolue, des tours et des tics professionnels qui permettent aux « prophètes de la chaire » (*Kathederpropheten*), comme disait Weber, de re-produire quotidiennement l'illusion de l'extra-quotidienneté. Ces effets du prophétisme sacerdotal ne réussissent pleinement que sur la base de la complicité profonde qui unit l'auteur et les interprètes dans l'acceptation des présupposés impliqués dans la définition sociologique de la fonction de « petit prophète appointé par l'Etat », comme dit encore Weber : parmi ces présupposés, il n'en est aucun qui serve mieux les intérêts de Heidegger que l'*absolutisation du texte* qu'opère toute lecture lettrée qui se respecte. Il a fallu une transgression de l'impératif académique de neutralité aussi extraordinaire que l'enrôlement du philosophe dans le parti nazi pour que soit posée la question, d'ailleurs immédiatement écartée comme indécente, de la « pensée politique » de Heidegger. Ce qui est encore une forme de neutralisation : les professeurs de philosophie ont si profondément intériorisé la définition qui exclut de la philosophie toute référence ouverte à la politique qu'ils en sont venus à oublier que la philosophie de Heidegger est de part en part politique.

Mais la compréhension dans les formes resterait formelle et vide si elle n'était souvent le masque d'une compréhension plus profonde et plus obscure à la fois qui s'édifie sur l'homologie plus ou moins parfaite des positions et l'affinité des habitus. Comprendre, c'est aussi comprendre à demi-mots et lire entre les lignes, en opérant sur le mode pratique (c'est-à-dire, le plus souvent, de manière inconsciente) les associations et les substitutions linguistiques que le producteur a initialement opérées tout aussi inconsciemment : ainsi se résout pratiquement la contradiction spécifique du discours idéologique qui, tirant son efficacité de sa duplicité, ne peut exprimer légitimement l'intérêt social que sous une forme qui le dissimule ou le trahit. L'homologie des positions et l'orchestration plus ou moins parfaite des habitus favorise une *reconnaissance pratique* des intérêts dont le locuteur est le porte-parole et de la forme particulière de la censure qui en interdit l'expression directe ; et cette reconnaissance au double sens donne directement accès, en dehors de toute opération consciente de décodage, à ce que le discours *veut dire*[18]. Cette compréhension en deçà des mots naît de la rencontre entre un intérêt expressif encore inexprimé, voire refoulé, et son expression conforme, c'est-à-dire déjà effectuée conformément aux normes, tacitement acceptées, du champ philosophique. Le même Sartre, qui se serait à coup sûr insurgé contre les professions de foi élitistes de Heidegger si elles s'étaient présentées à lui sous les dehors de la « pensée de droite » selon Simone de Beauvoir — qui oublie Heidegger[19] —, n'a pu comprendre comme il l'a comprise l'expression que l'œuvre de Heidegger donnait de sa propre expérience du monde social que parce qu'elle se présentait à lui sous une forme conforme aux convenances et aux conventions du champ philosophique. La communication des consciences philosophi-

---

18. C'est cette compréhension aveugle que désigne cette déclaration apparemment contradictoire de Karl Friedrich von Weizäcker (cité par J. Habermas, *op. cit.*, p. 106) : « J'étais jeune étudiant quand j'ai commencé à lire *L'Etre et le temps* qui était paru peu de temps auparavant. En toute conscience, je puis affirmer aujourd'hui qu'à l'époque je n'y avais, à strictement parler, rien compris. Mais je ne pouvais me soustraire à l'impression que c'était là et là seulement que la pensée appréhendait les problèmes que je pressentais être à l'arrière-plan de la physique théorique moderne, et je lui rendrais encore aujourd'hui cette justice. »

19. Cf. S. de Beauvoir, « La pensée de droite aujourd'hui », *les Temps modernes*, t. X, numéro spécial (112-113), 1955, pp. 1539-1575, et t. X (114-115), 1955, pp. 2219-2261.

ques peut ainsi reposer sur une communication des inconscients sociaux. On pense à *La nausée*, expression sublimée d'une expérience de jeune intellectuel d'« élite » soudain confronté avec l'*insignifiance* (au double sens, dont l'*absurdité*) de la place qui lui est assignée — celle de professeur de philosophie dans une petite ville de province. Placé en porte à faux dans la classe dominante, bourgeois illégitime, dépouillé des droits de bourgeoisie et de la possibilité même de les revendiquer (situation objective qui trouve une traduction presque transparente dans le thème du « bâtard »), l'intellectuel ne peut se définir que par opposition a tout le reste du monde social, les « salauds », les « bourgeois », mais au sens de Flaubert plutôt que de Marx, c'est-à-dire tous ceux qui sont bien dans leur peau et dans leurs droits parce qu'ils ont la chance et la malédiction de ne pas penser. Si l'on accepte de reconnaître dans le « bourgeois » et dans l'« intellectuel » la réalisation « existentielle » de ce qui sera plus tard, dans le système philosophiquement euphémisé, l'« en-soi » et le « pour-soi », on comprendra peut-être mieux le sens de la « nostalgie d'être Dieu », c'est-à-dire de la réconciliation du bourgeois et de l'intellectuel (« vivre comme un bourgeois, disait Flaubert, et penser comme un demi-dieu »), du pouvoir sans pensée et de la pensée impuissante[20].

---

20. Pour comprendre la divergence des destins ultérieurs de Sartre et de Heidegger, il faudrait prendre en compte la constellation des facteurs qui définissent la position et déterminent la trajectoire de chacun d'eux dans deux champs profondément différents, et notamment tout ce qui distingue l'intellectuel né, placé en porte à faux dans la classe dominante mais parfaitement inséré dans le monde intellectuel, de l'intellectuel de première génération, placé en porte à faux *aussi* dans le champ intellectuel.

chapitre 6

l'auto-interprétation
et l'évolution du système

Quelle que puisse être la part des circonstances politiques extérieures dans le retrait prudent ou la dissidence rusée qui portent Heidegger « déçu » par le nazisme, c'est-à-dire sans doute par les aspects « vulgaires » et pas assez *radicaux* du mouvement [1], vers des thèmes et des auteurs à l'époque acceptables (Nietzsche, en particulier) ou éloignés dans le temps, il reste que le fameux « renversement » (*Kehre*), annoncé dans *La lettre sur l'humanisme* et indifféremment décrit, tant par l'auteur que par ses commentateurs, comme rupture radicale ou comme simple approfondissement, n'est que l'aboutissement du travail d'intégration du système patent à lui-même qui, par l'euphémisation ainsi obtenue de surcroît, convient miraculeusement à ces temps où la censure se renforce (sous le nazisme, après la retraite, et, non moins, après le nazisme) [2]. En se réalisant, le système s'éloigne de son origine et s'en rapproche

---

1. La recherche historique récente tend à confirmer cette hypothèse qui est suggérée par le style de l'intention philosophique elle-même, et notamment le parti pris d'extrémisme méthodique qui s'y exprime : c'est ainsi que Hugo Ott jette le doute sur les réinterprétations que Heidegger a pu donner de son rapport au parti nazi (notamment de sa foi dans le Führer et de sa « résistance » ultérieure) et montre que son acceptation du poste de recteur ne semble pas avoir été l'effet d'un pur dévouement au devoir, mais qu'elle s'inspirait de la volonté proprement politique de gagner le monde des intellectuels et des savants aux idées nouvelles de la politique nationaliste (le rectorat de Fribourg étant la base de départ à partir de laquelle il voulait s'élever au niveau du Reich) et de devenir une sorte de recteur des recteurs ou de *Führer* intellectuel. En fait, sans doute effrayés par son *radicalisme*, les nazis ne le choisissent pas et Heidegger saisit un prétexte pour abandonner ses fonctions (cf. H. Ott, « Martin Heidegger als Rektor der Universität Freiburg, 1933-1934 », *Zeitschrift für die Geschichte des Oberrheins*, 1984, pp. 343-358 ; et aussi, in « *Schau-ins-Land* », Jg. 103, 1983, pp. 121-136 et 1984, pp. 107-130 ; enfin, « Der Philosoph im politischen Zwielicht », *Neue Zürcher Zeitung*, 3-4 nov. 1984).

2. Etant donné que l'on s'accorde pour imputer à Heidegger I *Sein und Zeit* et les interprétations qu'en donne Heidegger lui-même dans *Kant et le problème de la métaphysique* et dans les œuvres mineures de 1929, la « coupure » mentionnée dans *La lettre sur l'humanisme* se situe *grosso modo* entre 1933 et 1945.

à la fois : l'irruption brute des phantasmes politiques se fait de plus en plus rare à mesure que le système s'accomplit et s'achève en se refermant sur soi-même, c'est-à-dire sur les ultimes implications de ses postulats initiaux, par un progrès continu vers l'irrationalisme absolu, dès l'origine enfermé, comme l'avait vu Husserl, dans l'axiomatique philosophique qui est l'homologue du nihilisme politique. Récusant obsessionnellement l'interprétation « anthropologique » de ses premiers écrits (en particulier dans *La lettre à Jean Wahl* de 1937), Heidegger élabore une nouvelle euphémistique : se plaçant sous la bannière d'un Führer spirituel qui, comme Hölderlin, sorte d'antithèse germanique de Baudelaire, symbole de la corruption citadine et française, montre le chemin dans la dégénérescence universelle [3], il réitère la condamnation du sens commun et de la « compréhension ordinaire » ; il rappelle l'impossibilité pour l'Etre-là, « plongé dans la négativité et la finitude », d'échapper à l'immersion dans le monde, à « l'oubli de l'Etre », à « l'errance », à la « chute », à la « décadence » (*Verderb*) : il renouvelle, en termes à la fois plus transparents et plus mystiques, la dénonciation de la technicité et du scientisme ; traduisant en termes pompeux l'idéologie du *Vates* telle qu'elle s'enseigne dans les gymnases, il professe le culte de l'art et de la philosophie comme art ; il exalte enfin l'abdication mystique devant le sacré, le mystère, qui fait de la pensée une offrande, une remise de soi à l'être, une ouverture, une attente, un sacrifice, avec l'assimilation de *Denken* à *Danken* et tant d'autres jeux verbaux à la fois laborieux et assurés — de cette assurance que donne la reconnaissance quasi universelle.

Heidegger n'a cessé de se rapprocher, dans son style et ses objets, du pôle représenté par Stephan George — ou de l'idée au moins qu'il s'en fait à partir de ce qu'il est —, comme s'il s'autorisait de la reconnaissance dont il est l'objet pour abandonner le rôle du « rebelle » prophétique, proche des choses et des textes, au profit du personnage de mage de la *Begriffsdichtung*. Le principe du processus qui conduit, sans déchirement ni reniement, de Heidegger I à Heidegger II, est le travail de *Selbstbehauptung*, de « défense » et d'« auto-affirmation », et de

---

3. R. Minder, « A propos de Heidegger, Langage et nazisme », *Critique*, 1967, n° 237, pp. 289-297.

Selbstinterpretation[4], d'auto-interprétation, que le philosophe accomplit, dans la relation avec la vérité objective de son œuvre que lui renvoie le champ[5]. Heidegger a raison d'écrire au R.P. Richardson qu'il n'a rien renié de ses positions premières : « La pensée du renversement *est* un changement dans la pensée. Mais ce changement ne résulte pas d'une altération du point de vue ou moins encore d'un abandon de la question fondamentale de *Sein und Zeit*[6]. » De fait, rien n'est renié, tout est re-denié[7].

L'auto-interprétation, c'est-à-dire la riposte de l'auteur aux interprétations et aux interprètes qui objectivent et légitiment à la fois en disant à l'auteur ce qu'il est et en l'autorisant par là à être ce qu'ils disent, porte Heidegger II à convertir en méthode les *schèmes pratiques*, stylistiques et heuristiques, de Heidegger I[8]. Ainsi, toute la dernière théorie du langage ne fait que constituer en *parti* conscient les stratégies et les techniques mises en œuvre dès l'origine dans la pratique : l'auteur célèbre et célébré assume sa vérité objective et l'absolutise en la transfigurant en choix philosophique. Si le langage domine le philosophe au lieu que le philosophe domine le langage, si les mots jouent avec le philosophe au lieu que le philosophe joue avec les mots, c'est que les jeux de mots sont le langage même de l'Etre,

---

4. Le mot est emprunté à F.W. von Hermann, *Die Selbstinterpretation Martin Heideggers*, Meisenheim-am-Glan, 1964.
5. Pour un recencement des principaux aspects de la translation de la structure de la pensée heideggérienne, voir W.J. Richardson, *op. cit.*, p. 626. C'est un processus semblable qui conduit le Rebelle de Jünger du *héros actif et dominateur* de *Der Arbeiter* au simple *Waldgang* qui cherche refuge dans la méditation.
6. Préface de M. Heidegger à W.J. Richardson, *op. cit.*, pp. XVI-XVII.
7. Pour une défense par Heidegger de ses activités politiques sous le nazisme, on peut se reporter à ses déclarations devant les armées d'occupation en date du 4 novembre 1945 (et aussi à l'interview du 23 septembre 1966 publiée par *Der Spiegel* le 31 mai 1976) où il développe des arguments très semblables : il a accepté le poste de recteur à la demande de ses collègues (notamment von Möllendorff, le précédent recteur destitué par les nazis) et pour défendre la vie spirituelle de l'Université ; il a adhéré au parti nazi pour les mêmes raisons, mais n'a jamais pris part à ses activités ; sa pensée a sans cesse été critiquée par les idéologues nazis ; il ne s'est jamais rendu coupable d'antisémitisme et a fait tout ce qu'il a pu pour aider ses étudiants et collègues juifs, etc.).
8. Pareille évolution semble typique du vieillissement de l'intention productrice qui s'académise et, par là, se fossilise en *prenant conscience* d'elle-même dans ses propres objectivations et dans les objectivations qu'elles engendrent (critiques, commentaires, analyses, etc.) et en s'autorisant de l'autorité qui lui est reconnue pour aller jusqu'au bout de sa logique.

c'est-à-dire onto-logie. Le philosophe est le desservant du sacré, dont les incantations verbales ne font que préparer la parousie.

Il faudrait citer ici les innombrables textes où s'exprime ce thème, et en particulier tous les écrits sur Hölderlin où se voit particulièrement bien la signification politique de la théorie du poète comme *Fürsprecher* — celui qui parle *pour* l'Etre, c'est-à-dire en sa faveur et à sa place, et qui, par le retour au langage originaire (*Ursprache*), rassemble et mobilise le *Volk* dont il interprète la voix (M. Heidegger, *Approche de Hölderlin*, Paris, Gallimard, 1962). Il faut lire aussi « Hebel, l'ami du foyer » (in *Questions III*) et l'analyse qu'en donne R. Minder, « Martin Heidegger et le conservatisme agraire », *Allemagne d'aujourd'hui*, n° 6, janvier-février 1967, pp. 34-49. Ces stratégies de récupération de la vérité objective ne sont pas incompatibles avec la dénégation : « L'indication donnée en ce passage sur l'"être-dans" comme "habiter" *n'est pas un vide jeu étymologique*. De même, dans la conférence de 1936, le renvoi à la parole de Hölderlin : "*Voll Verdienst, doch dichterisch wohnet der Mensch auf dieser Erde*" *n'est point l'ornement d'une pensée* qui, abandonnant la science, cherche son salut dans la poésie. Parler de la maison de l'Etre, *ce n'est nullement reporter sur* l'Etre l'image de la "maison". Bien plutôt, c'est à partir de l'essence de l'Etre pensée selon ce qu'elle est que nous pourrons un jour penser ce qu'est une "maison", ce qu'est "habiter" » (M. Heidegger, *Lettre sur l'humanisme, op. cit.*, p. 157 ; c'est moi qui souligne).

Ce travail d'auto-interprétation s'accomplit dans et par les corrections, rectifications, mises au point, démentis par lesquels l'auteur défend son image publique contre les mises en question — en particulier politiques — ou, pire, contre toutes les formes de réduction à une identité commune.

Un exemple qui fait voir jusqu'où va la vigilance : « Nous avons choisi le métier de menuisier comme exemple, et, ce faisant, *nous supposions que personne n'irait croire* que le choix de cet exemple traduisait l'attente d'un changement dans l'état de notre planète qui la ramenât dans un délai prévisible, ou même jamais, à l'idylle villageoise » (M. Heidegger, *Qu'appelle-t-on penser ?*, Paris, P.U.F., 1959, pp. 93-94). Comme les stratégies de mise en garde, les stratégies de mise en forme deviennent plus appuyées : appliquant à sa première philosophie le mode de pensée que Heidegger I appliquait aux structures du langage ordinaire et aux forme communes de représentation du monde social, Heidegger II lui fait subir une euphémisation du second degré, qui pousse jusqu'à la caricature les procédés et les effets anciens : ainsi, dans *Sein und Zeit* (p. 384), le mot *Geschick* entre dans des jeux encore très transparents avec *Geschehen* et *Geschichte* (*Das schicksalhafte Geschick des Daseins in und mit seiner "Generation" macht das volle, eigentliche Geschehen des Daseins aus*), désignant alors le « sort commun », l'héritage du *peuple* entier que l'être-là doit assumer dans l'« authenticité » ; chez Heidegger II, il s'insère dans une tout autre combinaison verbale, comme l'indique bien Richardson : « *Along with the German words for sending (schicken), for history (Geschichte) and for fortune (Schicksal), the word* Geschick *derives from the verb "to come-to-pass" (Geschehen). For Heidegger it designates an event (Ereignis), hence a coming-to-pass, by which Being "sends" (sich schickt) itself unto man. We call the sending an "e-mitting". Considered as proceeding from Being, the sending is a "mittence". Considered as coming-to-pass in man, it is a "committing", or "commitment" (Schicksal). Henceforth, the latter replaces the SZ translation as "fortune". The collectivity of mittences constitutes Being-as-history (Ge-schick-e, Geschichte), and we translate as "inter-mittence". All this becomes clearer in the meditation on Hölderlin's "Re-collection"* » (W.J. Richardson, *op. cit.*, p. 435, n. 1).

Cette vigilance passionnée, pathétique, qui investit une maîtrise professorale des repères et des classements dans une entreprise prophétique de recherche de la distinction, constitue sans doute le véritable principe de l'évolution qui, de démenti en démenti, de dénégation en re-dénégation, de prise de distance (par rapport à Husserl, à Jaspers, à Sartre, etc.) en dépassement de toutes les déterminations et de toutes les dénominations collectives ou même singulières, convertit progressivement la pensée de Heidegger en ontologie politique négative [9].

---

9. L'intention de dépassement s'applique aussi à ses propres produits antérieurs (cf. par exemple, « Dépassement de la métaphysique », in M. Heidegger, *Essais et conférences, op. cit.*, pp. 80-115, spécialement pp. 90-91, à propos de *Kant et le problème de la métaphysique*).

Ceux qui s'interrogent sur le nazisme de Heidegger accordent toujours trop ou trop peu d'autonomie au discours philosophique : Heidegger a été inscrit au parti nazi, c'est un fait ; mais ni Heidegger I ni Heidegger II ne sont des idéologues nazis au sens du recteur Krieck dont les critiques ont pu incliner Heidegger à prendre ses distances avec le nihilisme. Ce qui ne veut pas dire que la pensée de Heidegger ne soit pas ce qu'elle est, un équivalent structural dans l'ordre « philosophique » de la « révolution conservatrice », dont le nazisme représente une autre manifestation, produite selon d'autres lois de formation, donc réellement inacceptable pour ceux qui ne pouvaient et ne peuvent la reconnaître que sous la forme sublimée que lui donne l'alchimie philosophique. De même, la critique célèbre de Carnap manque sa cible en s'en prenant au caractère vague et vide du discours heideggérien, simple expression sans talent du « sentiment de la vie »[10]. En fait, l'analyse purement logique comme l'analyse purement politique sont impuissantes à rendre raison de ce discours double dont la vérité réside dans la relation entre le système déclaré et officiel, que les jeux de forme mettent en avant, et le système refoulé, qui soutient aussi, de sa cohérence propre, tout l'édifice symbolique. Imposer la référence privilégiée au sens propre, c'est-à-dire proprement philosophique, conférant à ce sens souligné, accentué, le pouvoir d'occulter les sens véhiculés par des mots en eux-mêmes vagues et équivoques, et en particulier les jugements de valeur ou les connotations émotives engagées dans l'emploi ordinaire, c'est imposer un mode de lecture désigné comme seul légitime. On voit là que l'entrée en philosophie, l'*illusio* proprement philosophique, ne se réduit pas à l'adoption d'un langage, mais qu'elle suppose l'adoption d'une posture mentale qui fait lever d'autres sens à partir des mêmes mots : le discours philosophique peut être mis entre toutes les mains, mais seuls sauront le lire vraiment ceux qui auront non seulement le code convenable mais le mode de lecture qui fera résonner le sens propre des phrases en les situant dans le registre convenable, c'est-à-dire dans l'espace mental commun à tous ceux qui sont authentiquement engagés dans l'espace social de la philosophie.

---

10. R. Carnap, *La science et la métaphysique devant l'analyse logique du langage*, Paris, Hermann et Cie, 1934, pp. 25-29 et 40-44.

Imposer un mode de lecture légitime, un sens propre, c'est se donner le moyen de *mettre à la charge du récepteur*, lecteur mal informé ou mal intentionné, le sens impropre, ou malpropre, c'est-à-dire censuré, tabouisé, refoulé ; donc de dire sans dire, de s'autoriser par avance à récuser les connotations *sous-entendues*, tout ce qui ne peut être entendu que par référence à un contexte qui n'est pas le bon. Mais faut-il pour autant parler de double jeu, voire de stratégie rhétorique ? L'analyse, qui objective les significations refoulées, tend par soi à encourager cette représentation finaliste de l'activité créatrice. En fait, dès que l'on s'inquiète de comprendre, et non d'inculper ou de disculper, on aperçoit que le penseur est moins le sujet que l'objet de ses stratégies rhétoriques les plus fondamentales, celles qui se mettent en œuvre lorsque, guidé par les schèmes pratiques de son habitus, il est en quelque sorte traversé, tel un médium, par la nécessité des espaces sociaux, inséparables d'espaces mentaux, qui entrent en relation à travers lui. C'est peut-être parce qu'il n'a jamais vraiment su ce qu'il disait que Heidegger a pu dire, sans avoir à se le dire vraiment, ce qu'il a dit. Et c'est peut-être pour la même raison qu'il a refusé jusqu'au bout de s'expliquer sur son engagement nazi : le faire vraiment, c'eût été (s')avouer que la « pensée essentielle » n'avait jamais pensé l'essentiel, c'est-à-dire l'impensé social qui s'exprimait à travers elle, et le fondement vulgairement « anthropologique » de l'aveuglement extrême que seule peut susciter l'illusion de la toute-puissance de la pensée.

index

ADLER, M., 56.
ADORNO, T.W., 10, 96.
ALTHUSSER, L., 67n.
Ambiguïté, 10, 13, 37-38, 59n, 67.
Anti-intellectualisme, 22.
Antisémitisme, 7, 9, 17, 21, 33, 40, 57, 59, 61, 115n.
Aristocratisme professoral, 18-21, 63-64, 92n, 109.
AUSTIN, J.L., 87.
Autonomie relative, 9; illusion de l'— absolue, 10.
AXELOS, K., 108.

BACHELARD, G., 97n.
BAUDELAIRE, C., 114.
BEAUFRET, J., 103, 104n, 107-108.
BEAUVOIR, S. de, 110.
BERGSON, H., 56.
BÖHM, F., 37.
BONDY, F., 11n.
BRECHT, B., 15.
BURNYEAT, M.F., 46n.

CARNAP, R., 56, 118.
CASSIRER, E., 43n, 51, 55, 59, 60n, 64-65, 71-72, 75-76, 77n.
Censure, 11, 83-84, 92, 110, 113, 119.
CHAMBERLAIN, H.S., 17.
Champ (de production philosophique), 9, 11, 13, 51, 53-54, 57-58, 63, 67-69, 71, 78-79, 83-84, 108-110; effet de —, 10, — universitaire, 14, 20-21, 79, 109 (v. aussi universitaire); — du pouvoir, 14.
CHÂTELET, F., 107-108.
Cinéma, 16, 18, 27, 33n, 64n.
COHEN, H., 52, 55, 56n, 59, 70.
Contemporanéité, 31.
Coupure (fausse), 85-86, 93.
Court-circuit, 10.
CROCE, B., 9.
CURTIUS, L., 51n.

DEAK, I., 33n.
Dénégation, 72, 90-91, 102.
Dépassement (stratégie du — radical), v. ultrarévolutionnarisme.

DERRIDA, J., 67n.
DIEDERICHS, 17.
DILTHEY, W., 52, 56, 71n.
Doxa (philosophique), 67, 77n.
DUCHAMP, M., 105.
DUSSORT, H., 56.

Eigentlichkeit, 88, 91.
ELIAS, N., 31n.
Elite, 18, 29n, 30, 99, 109-111; —s (et masses), 16, 18-19, 25, 28, 40-42, 91-92; v. aussi *Eigentlichkeit*.
ENGELS, F., 14n.
Entfremdung (aliénation), 16, 80, 107.
Epistémologie, 53-55, 70, 72.
Errance, 61, 80, 85, 106, 114; v. aussi antisémitisme.
Espaces sociaux et espaces mentaux, 10-14, 46-47, 51, 53, 90, 118-119.
Etat-providence, 7, 89, 91.
Euphémisation, euphémisme, 9, 16, 83, 89-90, 95, 98, 113, 117.

FARIAS, V., 11n, 49n, 55n.
FAYE, J.P., 11n, 12n.
FÉDIER, F., 11n.
FICHTE, J.G., 52.
FISCHER, A., 22.
FLAUBERT, G., 111.
Forêt, 29, 32, 63, 92; v. aussi aristocratisme professoral.
Forme (mise en —), 11, 14, 16, 53, 83-85, 90-91, 93-94, 101-102, 118; v. aussi censure, euphémisation, sublimation.
FREUD, S., 40n, 83, 91.
Führer (philosophique), 7, 113n, 116.
Fürsorge, 86, 88-89, 95; *Sozialfürsorge* (assistance sociale), 29, 88, 91-92, 97-98, 100.

GADAMER, H.G., 13, 38, 86-87.
GAY, P., 12n, 15n, 21, 32n.
GEORGE, S., 42, 57, 63-64, 65n, 80, 114.
Global (total), 26, 32, 34-35, 40.
GRUNSBERG, H.A., 55n.
GÜNTERT, H., 24n.
GURVITCH, G., 55n, 77.
GURWITSCH, A., 73n.

HABERMAS, J., 40n, 101n, 110n.
HALBWACHS, M., 101n.
HAMILTON, A., 9n.
HEGEL, G.W.F., 24, 56, 71, 74, 91.
HERMANN, F.W. von, 115n.
Hiérarchies (académiques), 22, 25.
Historicisme, 57, 68, 74-75; Ontologisation de l'histoire, de l'—, 13, 73-81.
HITLER, A., 21.
HOBERT, C., 107.
HÖLDERLIN, F., 32n, 63, 65, 114, 116.
HORKHEIMER, M., 71n.
Humeur (idéologique), 16, 24; v. aussi vulgate.
HÜHNERFELD, P., 60n.
HUSSERL, E., 51-52, 55-57, 60n, 65, 70, 72-73, 114, 117.

Illusio, 46, 67, 118.
Interne (lecture), 101-109, 118-119.

JASPERS, K., 117.
Jugendbewegung (mouvement de jeunes), 16, 20, 35, 43, 63, 65n.
JUNG, E.J., 36n.
JÜNGER, E., 7, 12n, 13, 18, 24, 26-30, 32, 34-35, 36n, 38-51, 64, 73, 99; — et Heidegger, 43-50.

KANT, E., 46, 52, 55, 56n, 57, 59, 68-73, 76-77, 79, 99; v. aussi néo-kantiens.
KIERKEGAARD, S.O., 17, 52, 79-80, 100.
KLAGES, L., 17, 56.
KRACAUER, S., 18-19.

LACAN, J., 98.
LAGARDE, P. de, 17, 37.
LANG, F., 18, 42n.
LANGBEHN, J., 17.
LAQUEUR, W.Z., 65n.
Lebensphilosophie, 56, 94n.
LEBOVICS, H., 32, 40n, 42n.
Lecture interne (et — externe), 7, 10, 11, 109.
LEFEBVRE, H., 107-108.
LÖWITH, K., 13, 61.
LUCKÁCS, G., 14n.

MANNHEIM, 54.
MARCUSE, H., 107.
MARX K., 30n, 108, 111.
MEYER, E., 37.
MINDER, R., 11n, 17n, 114n, 116.
MOHLER, A., 31n.

Montagne, 16, 19; v. aussi aristocratisme professoral.
MOORE, G.E., 46n.
MOSSE, G.L., 17n, 20n, 21n, 37.
MÜLLER, A., 17.

Nazi, nazisme, 7, 9, 11-12, 14n, 43-44, 49, 51n, 58, 59n, 62, 94, 107n, 108-109, 113, 115n, 118-119.
Néo-kantiens, 13, 52, 56, 63, 68, 70-73, 76, 79-80.
NEUMANN, F., 21.
NIEKISCH, E., 24, 32, 36n, 39-40.
NIETZSCHE, F., 17, 45, 48, 80, 81n, 93, 94n, 104n, 113.

OTT, H., 7, 113n.

PALMIER, J.M., 38n, 43n, 47, 61n.
PATRI, A., 11n.
Paysan, 17, 26, 32, 58-60, 62.
Phantasmes (sociaux), 17-18, 27, 45, 51, 58, 83, 89-91, 114.
PÖGGELER, O., 19n, 104n.
Polyphonique (langage), 69, 86, 89.
POPPER, K., 56.
Positivisme, 35, 54-55, 69-70; — naturaliste, 22.
Possibles (espaces des), v. problématique.
POULANTZAS, N., 14n.
Problématique (comme espace des possibles réalisés), 33, 39, 45-46, 51-53, 57, 59, 68, 76, 83, 93.
Professionnel (et profane), 45-46.

Rectorat (discours de), 12, 58, 62, 110.
REINHARDT, R., 63.
Révolution, 15; — conservatrice, 9, 10-11, 24, 30, 33, 36-42, 45, 54, 57, 63-65, 67, 73-74, 75n, 80, 118; — philosophique, 57, 67, 73.
RICHARDSON, W.J., 12n, 68n, 71n, 103, 106, 115, 117.
RIEGL, A., 55.
RILKE, R.M., 15, 96.
RINGER, F., 11, 21, 23, 24n, 35n, 38, 54n, 55n, 71n.
ROSEN, S., 27n, 49n.

SALIN, E., 24.
SARTRE, J.P., 99, 103, 105, 110, 117.
SCHAPIRO, M., 33.
Savant (discours), 101-104.
SCHELER, M., 61, 75.

SCHMITT, C., 17, 24, 89.
SCHNEEBERGER, G., 12, 59n.
SCHOPENHAUER, A., 79.
SCHWARTZ, H.P., 27n.
Sciences (de la nature et de l'homme), 13, 22, 31-33, 49, 54, 69-70, 76.
SIMMEL, G., 71n.
Socialisme, 14, 20, 24, 26, 29, 31n, 32-34, 36-37, 39-43, 54-57, 61, 69, 75n, 80, 96n, 107.
Sociologie, 7, 23, 34, 47, 49, 54, 68n, 69, 103, 105, 108-109.
SOMBART, W., 10, 24, 34, 39-40.
Sous-entendu, 7, 48, 79, 119.
SPANN, O., 10, 16-17, 24, 34, 40.
SPENGLER, O., 10, 13, 16, 19-20, 24, 26-27, 31, 36n, 37-40, 45, 51.
Statistique, 27-28, 34, 91.
STERN, F., 33n, 37, 81n.
STRASSER O., 36n.
Sublimation, 7, 9, 11, 83, 95.

Technique, 15-17, 19, 25, 28, 30, 32-33, 35, 39-44, 48-49, 56, 81, 92, 114.

Temporalité, 7, 30, 72, 73n, 74-75, 88-89.
Topiques, 30, 32, 91.
TROELTSCH, E., 20, 37.

Ultrarévolutionnarisme (stratégie du dépassement radical), 7, 72-76, 79-80, 107-108, 113.
Universitaire, champ — 14, 20-22, 60, 65 ; prolétariat —, 21.

Ville (grande), 18n, 19-20, 26-27, 32, 38, 61.
Völkisch, 12, 16-18, 20, 37, 61, 65n, 77, 80.
VUILLEMIN, J., 52n, 70n, 74n.
Vulgate, 16, 45.

WAHL, J., 103, 114.
WEBER, M., 21n, 34, 57, 109.
WEIZÄCKER, K.F., von, 110n.
WEYMAR, E., 17n.
WINDELBAND, W., 55n.
WITTGENSTEIN, L.J., 56.

Table des matières

Avertissement au lecteur 7
Introduction. UNE PENSÉE LOUCHE 9
Chapitre 1. LA PHILOSOPHIE PURE ET LE *ZEITGEIST* 15
Chapitre 2. LE CHAMP PHILOSOPHIQUE ET L'ESPACE DES POSSIBLES 51
Chapitre 3. UNE « RÉVOLUTION CONSERVATRICE » EN PHILOSOPHIE 67
Chapitre 4. CENSURE ET MISE EN FORME 83
Chapitre 5. LA LECTURE INTERNE ET LE RESPECT DES FORMES 101
Chapitre 6. L'AUTO-INTERPRÉTATION ET L'ÉVOLUTION DU SYSTÈME 113
Index 121

« LE SENS COMMUN »

Theodor W. Adorno, MAHLER, *Une physionomie musicale.*
Mikhail Bakhtine, LE MARXISME ET LA PHILOSOPHIE DU LANGAGE, *Essai d'application de la méthode sociologique en linguistique.*
C. Bally, K. Bühler, E. Cassirer, W. Doroszewski, A. Gelb, R. Goldstein, G. Guillaume, A. Meillet, E. Sapir, A. Sechechaye, N. Trubetzkoy, ESSAIS SUR LE LANGAGE.
Gregory Bateson, LA CÉRÉMONIE DU NAVEN. *Les problèmes posés par la description sous trois rapports d'une tribu de Nouvelle-Guinée.*
Émile Benveniste, VOCABULAIRE DES INSTITUTIONS INDO-EUROPÉENNES : 1. ÉCONOMIE, PARENTÉ, SOCIÉTÉ. — 2. POUVOIR, DROIT, RELIGION.
Basil Bernstein, LANGAGE ET CLASSES SOCIALES. *Codes sociolinguistiques et contrôle social.*
John Blacking, LE SENS MUSICAL.
Jean Bollack, EMPÉDOCLE : 1. INTRODUCTION A L'ANCIENNE PHYSIQUE. — 2. LES ORIGINES, ÉDITION CRITIQUE ET TRADUCTION DES FRAGMENTS ET TÉMOIGNAGES. — 3. LES ORIGINES, COMMENTAIRES (2 tomes). — LA PENSÉE DU PLAISIR. *Épicure : textes moraux, commentaires.*
Jean Bollack, M. Bollack, H. Wismann, LA LETTRE D'ÉPICURE.
Jean Bollack, Heinz Wismann, HÉRACLITE OU LA SÉPARATION.
Mayotte Bollack, LA RAISON DE LUCRÈCE. *Constitution d'une poétique philosophique avec un essai d'interprétation de la critique lucrétienne.*
Luc Boltanski, LE BONHEUR SUISSE. — LES CADRES. *La formation d'un groupe social.*
Anna Boschetti, SARTRE ET « LES TEMPS MODERNES ». *Une entreprise intellectuelle.*
Pierre Bourdieu, LA DISTINCTION. *Critique sociale du jugement.* — LE SENS PRATIQUE. — HOMO ACADEMICUS. — CHOSES DITES. — L'ONTOLOGIE POLITIQUE DE MARTIN HEIDEGGER.
Pierre Bourdieu, L. Boltanski, R. Castel, J.-C. Chamboredon, UN ART MOYEN. *Les usages sociaux de la photographie.*
Pierre Bourdieu, Alain Darbel (avec Dominique Schnapper), L'AMOUR DE L'ART. *Les musées d'art européens et leur public.*
Pierre Bourdieu, J.-C. Passeron, LES HÉRITIERS. *Les étudiants et la culture.* — LA REPRODUCTION. *Éléments pour une théorie du système d'enseignement.*
Ernst Cassirer, LA PHILOSOPHIE DES FORMES SYMBOLIQUES : 1. LE LANGAGE. — 2. LA PENSÉE MYTHIQUE. — 3. LA PHÉNOMÉNOLOGIE DE LA CONNAISSANCE. — LANGAGE ET MYTHE. *A propos des noms de dieux.* — ESSAI SUR L'HOMME. — SUBSTANCE ET FONCTION. *Éléments pour une théorie du concept.* — INDIVIDU ET COSMOS DANS LA PHILOSOPHIE DE LA RENAISSANCE.

Robert Castel, L'ORDRE PSYCHIATRIQUE. *L'âge d'or de l'aliénisme.* — LA GESTION DES RISQUES. *De l'anti-psychiatrie à l'après-psychanalyse.*

Darras, LE PARTAGE DES BÉNÉFICES. *Expansion et inégalités en France* (1945-1965).

François de Dainville, L'ÉDUCATION DES JÉSUITES (XVIe-XVIIIe SIÈCLES).

Oswald Ducrot et autres, LES MOTS DU DISCOURS.

Émile Durkheim, TEXTES : 1. ÉLÉMENTS D'UNE THÉORIE SOCIALE. — 2. RELIGION, MORALE, ANOMIE. — 3. FONCTIONS SOCIALES ET INSTITUTIONS.

Moses I. Finley, L'ÉCONOMIE ANTIQUE. — ESCLAVAGE ANTIQUE ET IDÉOLOGIE MODERNE.

François Furet, Jacques Ozouf, LIRE ET ÉCRIRE. *L'alphabétisation des Français de Calvin à Jules Ferry* (2 tomes).

Erving Goffman, ASILES. *Études sur la condition sociale des malades mentaux.* — LA MISE EN SCÈNE DE LA VIE QUOTIDIENNE : 1. LA PRÉSENTATION DE SOI. — 2. LES RELATIONS EN PUBLIC. — LES RITES D'INTERACTION. — STIGMATE. *Les usages sociaux des handicaps.* — FAÇONS DE PARLER.

Jack Goody, LA RAISON GRAPHIQUE. *La domestication de la pensée sauvage.*

Claude Grignon, L'ORDRE DES CHOSES. *Les fonctions sociales de l'enseignement technique.*

Maurice Halbwachs, CLASSES SOCIALES ET MORPHOLOGIE.

Ulf Hannerz, EXPLORER LA VILLE. *Éléments d'anthropologie urbaine.*

Albert Hirschman, VERS UNE ÉCONOMIE POLITIQUE ÉLARGIE.

Richard Hoggart, LA CULTURE DU PAUVRE. *Étude sur le style de vie des classes populaires en Angleterre.*

François-André Isambert, LE SENS DU SACRÉ. *Fête et religion populaire.*

William Labov, SOCIOLINGUISTIQUE. — LE PARLER ORDINAIRE. *La langue dans les ghettos noirs des États-Unis* (2 tomes).

Alain de Lattre, L'OCCASIONALISME D'ARNOLD GEULINCX. *Étude sur la constitution de la doctrine.*

Raph Linton, DE L'HOMME.

Herbert Marcuse, CULTURE ET SOCIÉTÉ. — RAISON ET RÉVOLUTION. *Hegel et la naissance de la théorie sociale.*

Sylvain Maresca, LES DIRIGEANTS PAYSANS.

Louis Marin, LA CRITIQUE DU DISCOURS. *Sur « La logique de Port-Royal » et « Les Pensées » de Pascal.* — LE PORTRAIT DU ROI.

Alexandre Matheron, INDIVIDU ET COMMUNAUTÉ CHEZ SPINOZA.

Marcel Mauss, ŒUVRES : 1. LES FONCTIONS SOCIALES DU SACRÉ. — 2. REPRÉSENTATIONS COLLECTIVES ET DIVERSITÉ DES CIVILISATIONS. — 3. COHÉSION SOCIALE ET DIVISIONS DE LA SOCIOLOGIE.

Francine Muel-Dreyfus, LE MÉTIER D'ÉDUCATEUR. *Les instituteurs de 1900, les éducateurs spécialisés de 1968.*

Raymonde Moulin, LE MARCHÉ DE LA PEINTURE EN FRANCE.

Georges Mounin, INTRODUCTION A LA SÉMIOLOGIE.

S. F. Nadel, LA THÉORIE DE LA STRUCTURE SOCIALE.

Erwin Panofsky, ARCHITECTURE GOTHIQUE ET PENSÉE SCOLASTIQUE, précédé de L'ABBÉ SUGER DE SAINT-DENIS. — LA PERSPECTIVE COMME FORME SYMBOLIQUE.
Jean-Claude Pariente, L'ANALYSE DU LANGAGE A PORT-ROYAL. *Six études logico-grammaticales.*
Luis J. Prieto, PERTINENCE ET PRATIQUE. *Essai de sémiologie.*
A. R. Radcliffe-Brown, STRUCTURE ET FONCTION DANS LA SOCIÉTÉ PRIMITIVE.
Edward Sapir, ANTHROPOLOGIE : 1. CULTURE ET PERSONNALITÉ. 2. CULTURE. — LINGUISTIQUE.
Salvatore Settis, L'INVENTION D'UN TABLEAU. *« La tempête » de Giorgione.*
Joseph Schumpeter, IMPÉRIALISME ET CLASSES SOCIALES.
Charles Suaud, LA VOCATION. *Conversion et reconversion des prêtres ruraux.*
Peter Szondi, POÉSIE ET POÉTIQUE DE L'IDÉALISME ALLEMAND.
Alain Viala, NAISSANCE DE L'ÉCRIVAIN. *Sociologie de la littérature à l'âge classique.*
Jeannine Verdès-Leroux, LE TRAVAIL SOCIAL.
Jules Vuillemin, NÉCESSITÉ OU CONTINGENCE. *L'aporie de Diodore et les systèmes philosophiques.*

Cet ouvrage a été achevé d'imprimer le seize février mil neuf cent quatre-vingt-huit
dans les ateliers de Normandie Impression S.A. à Alençon
et inscrit dans les registres de l'éditeur sous le n° 2301
Dépôt légal : février 1988